Dr. Jaerock Lee

Valvokaa ja Rukoilkaa

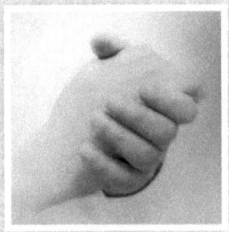

Ja hän tuli opetuslasten tykö ja tapasi heidät nukkumasta ja sanoi Pietarille:
"Niin ette siis jaksaneet yhtä hetkeä valvoa minun kanssani!
Valvokaa ja rukoilkaa, ettette joutuisi kiusaukseen;
henki tosin on altis, mutta liha on heikko."
(Matteus 26:40-41)

Valvokaa ja Rukoilkaa Yazar
Englanninkielinen alkuteos *Keep Watching and Praying* Dr. Jaerock Lee
Julkaisija Urim Books (Edustaja: Kyungtae Noh)
73, Yeouidaebang-ro 22-gil, Dongjak-gu, Seoul, Korea
www.urimbooks.com

Kaikki oikeudet pidätetään. Tätä kirjaa tai mitään sen osaa ei saa kopioida missään muodossa, ilman kustantajan kirjallista lupaa.

Copyright © 2017 by Dr. Jaerock Lee
ISBN: 979-11-263-0219-2   03230
Suomenkielisen laitoksen Copyright © 2010 by Dr. Esther K Chung.
Käytetty luvalla.

Julkaistu aikaisemmin koreaksi 1992, Urim Books, Seoul, Korea

Ensimmäinen painos Helmikuu 2017

Toimittanut: Geumsun Vin
Suunnittelu: Editorial Bureau of Urim Books
Painaja: Prione Printing Company
Lisätietoja varten ota yhteyttä: urimbook@hotmail.com

Teoksesta

Jumala käskee meitä rukoilemaan jatkuvasti. Hän ohjeistaa meitä usealla eri tavalla selittääkseen meille miksi meidän tulee rukoilla jatkuvasti ja Hän myös varoittaa meitä siitä että me voimme antaa periksi kiusaukselle jos me emme rukoile jatkuvasti.

Normaalisti hengittäminen ei ole vaikeaa hyvässä terveydentilassa olevalle henkilölle ja samalla tavalla hengellisesti terve henkilö pitää Jumalan Sanan mukaisesti elämistä sekä rukoilemista luonnollisena eikä lainkaan vaivalloisena. Tämä johtuu siitä että mitä enemmän he rukoilevat, sitä enemmän he saavat nauttia hyvästä terveydestä ja kaikki sujuu hyvin heille ja jopa heidän sielunsa kukoistavat. Rukouksen merkitystä ei siis voida painottaa tarpeeksi.

Menehtynyt henkilö ei voi hengittää sieraintensa kautta. Sanalla tavalla henkilö, jonka henki on kuollut, ei pysty hengittämään hengellisesti. Toisin sanoen, ihmisen henki menehtyi Aatamin synnin tähden mutta ne ihmiset, joiden henki heräsi taas eloon Pyhän Hengen ansiosta eivät saa lakata rukoilemasta niin kauan kuin heidän henkensä ovat yhä elossa, niinkuin mekään emme voi lakata hengittämästä.

Äskettäin Jeesuksen Kristuksen hyväksyneet tuoreet uskovat ovat kuin vastasyntyneitä lapsia. He eivät tiedä kuinka rukoilla ja pitävät sitä vaivalloisena. Heidän henkensä kuitenkin kasvaa ja vahvistuu kun he rukoilevat palavasti eivätkä anna periksi vaan luottavat Jumalan Sanaan ja rukoilevat tunnollisesti. Tällöin nämä ihmiset ymmärtävät että he eivät pysty elämään rukoilematta aivan kuten kukaan meistä ei pystyisi elämään hengittämättä.

Rukous ei ole ainoastaan hengellistä hengittämistä vaan myös kommunikointikanava Jumalan ja Hänen lastensa välillä minkä tulee pysyä aina avoinna. On suuri tragedia että useat vanhemmat ja heidän lapsensa eivät puhu nykyään toisilleen. Luottamus heidän välillään on tuhoutunut ja heidän välinen suhteensa on pelkkä muodollisuus. Ei ole kuitenkaan mitään mitä me emme voisi kertoa Jumalalle.

Meidän kaikkivaltias Jumalamme on meistä välittävä Jumala joka tuntee ja ymmärtää meitä parhaiten, kiinnittää meihin eniten huomiota ja haluaa että me puhumme Hänelle kaikkina aikoina. Rukous on kaikille uskoville sekä avain jolla koputtaa ja avata ovi kaikkivaltiaan Jumalan sydämeen että ase joka ylittää sekä ajan että paikan rajat. Emmekö me olekin nähneet, kuulleet tai kokeneet omin silminemme ja korvinemme kuinka lukemattomien kristittyjen elämät ovat muuttuneet ja koko maailman suunta on vaihtunut voimallisen rukouksen tähden?

Pyytäessämme nöyrästi rukouksessamme Pyhän Hengen apua Jumala täyttää meidät Pyhällä Hengellä, salli meidän ymmärtää Hänen tahtoansa selvästi ja elää sen mukaisesti sekä auttaa meitä voittamaan paholais-vihollisen ja olemaan voittoisia tässä maailmassa. Henkilö joutuu kuitenkin luottamaan ensiksi omiin ajatuksiinsa ja teorioihinsa jos hän ei saa Pyhän Hengen ohjausta sen tähden että hän ei rukoile. Tällöin hän elää Jumalan vastaisessa epätotuudessa ja hänen on vaikeata saada pelastusta osakseen. Tämän tähden Raamattu sanoo Kolossalaiskirjeen jakeessa 4:2 seuraavasti: *"Olkaa kestäväiset rukouksessa ja siinä kiittäen valvokaa"* ja Matteuksen jakeessa 26:41 näin: *"Valvokaa ja rukoilkaa, ettette joutuisi kiusaukseen: henki tosin on altis, mutta liha on heikko."*

Rukouksen voima mahdollisti sen että Jumalan ainoa Poika pystyi tekemään kaikki tekonsa Jumalan tahdon mukaisesti. Herra Jeesus paastosi 40 päivän ajan ennen kuin Hän aloitti julkisen elämänsä, ja Hän toimi esimerkkinä rukouksen elämästä rukoilemalla aina kun Hän pystyi koko kolmivuotisen julkisen elämänsä aikana.

Monet kristityt tunnustavat rukouksen tärkeyden mutta usein he eivät saa Jumalalta vastauksia rukouksiinsa sen tähden että he eivät tiedä kuinka rukoilla Jumalan tahdon mukaisesti. Minun sydämeni on ollut murheellinen heidän tähtensä kauan aikaa mutta olen hyvin iloinen siitä että minä voin nyt julkaista rukouskirjan joka perustuu 20 vuoden kokemukseen sekä omiin kokemuksiini.

Minä toivon että tämä pieni kirja olisi suuri apu kaikille sen lukijoille Jumalan kohtaamisessa ja kokemisessa sekä voimallisen rukouksen elämän elämisessä. Minä rukoilen Herramme nimessä että jokainen lukija olisi valpas ja rukoilisi jatkuvasti niin että hän voisi elää hyvässä terveydessä ja että kaikki sujuisi häneltä hyvin ja hänen sielunsa kukoistaisi!

Jaerock Lee

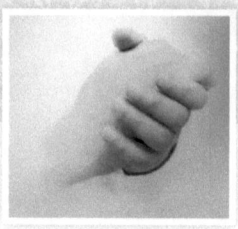

Sisältö
Valvokaa ja rukoilkaa

Teoksesta

Luku 1
Anokaa, etsikää ja kolkuttakaa • 1

Luku 2
Uskokaa saaneenne • 21

Luku 3
Jumalaa miellyttävä rukous • 35

Luku 4
Ettette joutuisi kiusaukseen • 57

Luku 5
Vanhurskaan rukous • 73

Luku 6
Yhteisen rukouksen suuri voima • 85

Luku 7
Rukoile aina äläkä väsy • 101

Luku 1

Anokaa, etsikää ja kolkuttakaa

"Anokaa,
niin teille annetaan; etsikää, niin te löydätte;
kolkuttakaa, niin teille avataan.
Sillä jokainen anova saa, ja etsivä löytää,
ja kolkuttavalle avataan. Vai kuka teistä on se ihminen,
joka antaa pojallensa kiven, kun tämä pyytää häneltä leipää,
taikka, kun hän pyytää kalaa, antaa hänelle käärmeen?
Jos siis te, jotka olette pahoja,
osaatte antaa lapsillenne hyviä lahjoja,
kuinka paljoa ennemmin teidän Isänne,
joka on taivaissa, antaa sitä, mikä hyvää on,
niille, jotka sitä häneltä anovat!"

Matteus 7:7-11

1. Jumala antaa hyviä lahjoja kaikille jotka niitä pyytävät

Jumala ei halua että Hänen lapsensa kärsisivät köyhyydestä tai sairauksista vaan päinvastoin Hän haluaa että kaikki heidän elämässään sujuisi hyvin. Me emme kuitenkaan saa korjata mitään jos me vain istumme toimettomana aloillamme. Jumala voisi kyllä antaa antaa meille mitä tahansa sillä kaikki maailmankaikkeudessa oleva kuuluu Hänelle, mutta Hän haluaa lastensa kysyvän, etsivän ja saavuttavan asioita omasta toimestaan kuten vanha sanonta, "sinä syötät vauvan joka itkee", sanoo.

Henkilö joka haluaa saada kaiken tekemättä asian puolesta mitään ei eroa mitenkään puutarhaan istutetuista kukista. Kuinka murheellisia vanhemmat olisivatkaan jos heidän lapsensa olisivat kuin paikoillaan olevat kasvit ja makaisivat kaiket päivät vuoteessaan yrittämättä tehdä mitään elämänsä eteen? Tämänkaltainen käytös on kuin vanhan miehen joka haaskaa koko päivänsä odottaen että hedelmä putoaa puusta hänen suuhunsa.

Jumala haluaa että meistä tulee Hänen viisaita ja tunnollisia lapsia jotka anovat, etsivät ja koputtavat palavasti nauttien siten Hänen siunauksistaan ja antaen Hänelle siten kunniaa. Tämän tähden Hän käskee meitä anomaan, etsimään ja kolkuttamaan. Yksikään vanhempi ei anna lapselleen kiveä kun tämä pyytää häneltä leipää. Yksikään vanhempi ei myöskään anna lapselleen käärmettä kun tämä pyytää kalaa. Jopa pahat vanhemmat haluavat antaa lapsilleen hyviä lahjoja. Etkö sinä luulekin että Jumala, joka rakastaa meitä niin paljon että Hän antoi ainoan Poikansa kuolla puolestamme, antaa lapsilleen lahjoja kun he niitä Häneltä pyytävät?

Johanneksen evankeliumissa 15:16 Jeesus sanoo seuraavasti: *"Te ette valinneet minua, vaan minä valitsin teidät ja asetin teidät, että te menisitte ja kantaisitte hedelmää ja että teidän hedelmänne pysyisi: että mitä ikinä te anotte Isältä minun nimessäni, hän sen teille antaisi."* Tämä on kaikkivaltiaan Jumalan pyhä lupaus jonka mukaan Hän avaa taivaan portit, siunaa meitä ja antaa vastauksia sydämemme toiveisiin kun me anomme, etsimme ja kolkutamme tunnollisesti.

Oppikaamme anomaan, etsimään ja kolkuttamaan tämän katkelman avulla johon tämäkin luku perustuu niin että se tuottaisi Jumalalle suurta kirkkautta ja meille suurta iloa.

2. Anokaa, niin teille annetaan

Jumala sanoo kansalleen: "Anokaa, niin teille annetaan." Hän haluaa että kaikki olisivat siunattuja ihmisiä jotka saisivat kaiken sen mitä tahansa he pyytävätkin. Miksi Hän sitten kehottaa meitä anomaan?

1) Ano Jumalan voimaa ja pyydä nähdä Hänen kasvonsa

Luotuaan taivaan ja maan sekä kaiken niissä olevan Jumala loi ihmisen. Hän siunasi heitä ja käski heitä olemaan hedelmällisiä ja lisääntymään sekä täyttämään maan ja alistamaan sen alleen. Hän antoi heidän hallita merissä olevia kaloja ja taivaalla lentäviä lintuja sekä kaikkea muuta mikä maan päällä liikkui.

Ensimmäinen ihminen, Aatami, kuitenkin niskoitteli Jumalan Sanaa vastaan ja hän menetti nämä siunaukset ja piiloutui Jumalalta kuultuaan Hänen äänensä (Genesis 3:8). Tämän lisäksi ihmiskunnasta tuli syntinen ja he erkanivat Jumalasta, ajautuen näin tuhon tielle paholais-vihollisen orjina.

Näille syntisille Jumala lähetti ainoan Poikansa Jeesuksen Kristuksen maan päälle heidän pelastuksekseen, avaten näin portit pelastukseen. Jumala antaa ihmisille heidän syntinsä anteeksi ja Pyhän Hengen lahjaksi jos he ottavat Jeesuksen Kristuksen vastaan henkilökohtaiseksi Pelastajakseen.

Usko Jeesukseen Kristukseen johtaa meidät myös pelastukseen ja antaa meille Jumalan voimaa. Me voimme elää uskonnollista elämää menestyksekkäästi vasta sitten kun Jumala antaa meille Hänen voimaansa ja valtaansa. Toisin sanoen, me voimme voittaa maailman ja elää Jumalan Sanan mukaisesti ainoastaan taivaasta saadun voiman ja armon ansiosta. Me tarvitsemme Hänen voimaansa myös paholaisen päihittämiseen.

Psalmi 105:4 sanoo: *"Kysykää Herraa ja hänen voimaansa, etsikää alati hänen kasvojansa."* Jumala sanoo: *"Minä olen se, joka minä olen"* (Exodus 3:14), tämän maan ja taivaiden Luoja (Genesis 2:4), sekä koko historian ja kaiken maailmankaikkeudessa olevan hallitsija aina sen alusta loppuun saakka. Jumala on Sana ja Hän loi kaiken maailmankaikkeudessa olevan Sanallaan. Näin Hänen sanansa on siis voimaa. Ihmisten sanat ovat aina muuttuvaisia eivätkä ne sisällä voimaa jolla luoda tai saada asioita tapahtumaan. Ihmisten sanat ovat siis aina epätotuuden mukaisia ja muuttuvaisia kun taas Jumalan Sana on elävää ja täynnä voimaa ja näin siis pystyväinen tekemään luomisen tekoja.

Joten sillä ei ole mitään väliä kuinka voimaton ihminen on. Jos Hän kuulee elävän Jumalan sanaa ja uskoo siihen epäilemättä, myös hän voi tehdä luomisen tekoja ja luoda jotakin tyhjästä. Jonkin luominen tyhjästä on mahdotonta ilman uskoa Jumalan Sanaan. Tämän tähden Jeesus julisti kaikille Hänen eteensä saapuneille, että niin tulee tapahtumaan kuin he olivat uskoneet. Eli Jumalan voiman pyytäminen on sama kuin jos me pyytäisimme Häneltä uskoa.

Mitä sitten tarkoittaa "etsikää alati Hänen kasvojansa?" Me emme voi sanoa että me "tunnemme" ketään jos me emme tunne hänen kasvojaan, ja samalla tavalla "etsikää alati Hänen kasvojansa" viittaa siihen että meidän täytyy nähdä vaivaa oppia tuntemaan "kuka Jumala on." Tämä tarkoittaa sitä että ihmiset jotka ovat aikaisemmin välttäneet Jumalan kasvojen näkemistä ja Hänen äänensä kuulemista avaavat nyt sydämensä, etsivät ja ymmärtävät Jumalaa yrittäen kuulla Hänen ääntään. Syntinen ei pysty nostamaan päätään ja hän yrittää kätkeä kasvonsa muilta. Saatuaan anteeksiannon hän voi kuitenkin nostaa päänsä ja katsoa muihin ihmisiin.

Kaikki ihmiset ovat olleet syntisiä Jumalan Sanaa vastaan niskoittelun tähden, mutta anteeksi Jeesuksen Kristuksen vastaan ottamisen kautta saanut ja Jumalan lapseksi Pyhän Hengen saamisen kautta tullut henkilö voi kuitenkin nähdä Jumalan, joka on itse kirkkaus, sillä vanhurskas Jumala julistaa hänen olevan vanhurskas.

Tärkein syy siihen että Jumala käskee kaikkia "etsimään Hänen kasvojaan" on se, että Hän haluaa kaikkien – jopa syntisten – tekevän sovinnon Jumalan kanssa ja saavan Pyhän Hengen pyytämällä Jumalan kasvojen näkemistä, tullen näin Hänen lapseksi joka saa nähdä Hänet kasvotusten. Ihmisen tullessa Jumalan lapseksi hän saa ikuisen taivaan ja ikuisen elämän sekä onnellisuuden, mitä suurempaa siunausta ei ole olemassakaan.

2) Ano Jumalan kuningaskunnan saavuttamista ja vanhurskautta

Pyhän Hengen saanut ja Jumalan lapseksi tullut henkilö pystyy elämään uudenlaista elämää sillä hän on syntynyt Hengestä. Jumala pitää yhtä ainoaa sielua kaikkia taivaita ja maita kallisarvoisempana, ja Hän käskee lapsiaan täyttämään kuningaskuntansa ja vanhurskautensa ennen mitään muuta (Matteus 6:33).

Jeesus sanoo Matteuksen jakeissa 6:25-33 seuraavasti:

Sentähden minä sanon teille: älkää murehtiko hengestänne, mitä söisitte tai mitä joisitte, älkääkä ruumiistanne, mitä päällenne pukisitte. Eikö henki ole enemmän kuin ruoka ja ruumis enemmän kuin vaatteet? Katsokaa taivaan lintuja: eivät ne kylvä eivätkä leikkaa eivätkä kokoa aittoihin, ja teidän taivaallinen Isänne ruokkii ne. Ettekö te ole paljoa suurempiarvoiset kuin ne? Ja kuka teistä voi murehtimisellaan lisätä ikäänsä kyynäränkään vertaa? Ja mitä te murehditte vaatteista? Katselkaa kedon kukkia, kuinka ne kasvavat; eivät ne työtä tee eivätkä kehrää. Kuitenkin minä sanon teille: ei Salomo kaikessa loistossansa ollut niin vaatetettu kuin yksi niistä. Jos siis Jumala näin vaatettaa kedon ruohon, joka tänään kasvaa ja huomenna uuniin heitetään, eikö paljoa ennemmin teitä, te vähäuskoiset? Älkää siis murehtiko sanoen: 'Mitä me syömme?' tahi: 'Mitä me juomme?' tahi: 'Millä me itsemme vaatetamme?' Sillä tätä kaikkea pakanat tavoittelevat. Teidän taivaallinen Isänne kyllä tietää teidän kaikkea tätä tarvitsevan. Vaan etsikää ensin Jumalan valtakuntaa ja hänen vanhurskauttansa, niin myös kaikki tämä teille annetaan.

Mitä Jumalan "kuningaskunnan etsiminen" tai "Hänen vanhurskautensa etsiminen" tarkoittaa? Miksi meidän pitää pyytää Jumalan kuningaskunnan ja Hänen vanhurskautensa saavuttamista?

Jumala lähetti ainoan Poikansa maan päälle ja salli Jeesuksen kuolla ristillä paholaisen orjina olleelle ihmiskunnalle joka oli matkalla kohti tuhoa. Jeesuksen Kristuksen kautta Jumala palautti meille vallan jonka me olimme menettäneet ja salli meidän nousta pelastuksen polulle. Mitä enemmän me levitämme sanomaa puolestamme kuolleesta ja ylösnousseesta Jeesuksesta Kristuksesta, sitä enemmän me tuhoamme Saatanan valtaa. Mitä enemmän me tuhoamme Saatanan valtaa sitä useampi sielu tulee pelastumaan. Mitä useampi sielu pelastuu, sitä enemmän Jumalan kuningaskunta tulee laajenemaan. Joten "Jumalan kuningaskunnan etsiminen" viittaa sielujen pelastuksen työn ja evankeliointityön puolesta rukoilemista

jotta kaikista ihmisistä voisi tulla Jumalan lapsia.
Me elimme ennen pimeydessä keskellä syntiä ja pimeyttä. Jeesuksen Kristuksen kautta me voimme kuitenkin saada voimaa astua Jumalan, itse kirkkauden, eteen. Jumala asuu pimeydessä, vanhurskaudessa ja kirkkaudessa missä synti tai pahuus ei voi tulla Hänen silmiensä eteen tai tulla Hänen lapsikseen.

Joten "Jumalan vanhurskauden etsiminen" viittaa siihen että me rukoilemme että meidän kuolleet henkemme virkoaisivat, että meidän sielumme kukoistaisivat ja että me tulisimme vanhurskaiksi Jumalan Sanan mukaan elämisen kautta. Meidän tulee pyytää Jumalalta että Hän sallisi meidän kuulla ja tulla Jumalan Sanan valaisemaksi, astua ulos synnistä ja pimeydestä ja asua kirkkaudessa, sekä tulla pyhittyneeksi olemalla Jumalan pyhyyden kaltainen.

Lihan tekojen heittäminen pois Pyhän Hengen tahdon mukaan ja pyhittyneeksi tuleminen totuudessa elämisen kautta ovat Jumalan vanhurskauden saavuttamista. Me saamme myös nauttia hyvästä terveydestä ja kaikki sujuu meidän kanssamme hyvin ja meidän sielumme kukoistavat kun me pyydämme Jumalan vanhurskauden saavuttamista (3. Joh. 1:2). Tämän tähden Jumala käskee meitä pyytämään Jumalan kuningaskunnan ja Hänen vanhurskautensa saavuttamista, ja Hän lupaa että meille annetaan myös kaikki muukin.

3) Ano että sinä saat tulla Hänen työntekijäkseen ja täyttää Jumalan antamat velvollisuutesi

Sinun täytyy rukoilla voidaksesi tulla Jumalan työntekijäksi jos sinä pyydät Hänen valtakunnan ja vanhurskauden täyttymistä. Jos sinä olet jo Hänen työntekijänsä, sinun tulee rukoilla vilpittömästi että sinä voit täyttää Jumalan antamat velvollisuutesi. Jumala palkitsee ne jotka etsivät Häntä vilpittömin mielin (Heprealaiskirje 11:6) ja Hän antaa palkkionsa ihmisille sen mukaan mitä he ovat tehneet (Ilmestyskirja 22:12).

Ilmestyskirjan jakeessa 2:10 Jeesus sanoo: *"Ole uskollinen kuolemaan asti, niin minä annan sinulle elämän kruunun."* Jopa tässä maailmassa me voimme saada stipendejä ja päästä hyvään yliopistoon jos me opiskelemme ahkerasti. Me voimme saada ylennyksiä ja tulla kohdelluksi paremmin ja saada korkeampaa palkkaa jos me teemme työtä ahkerasti.

Samalla tavalla Jumala lasten ollessa uskollisia Jumalan heille antamissa velvollisuuksissa he saavat yhä suurempia tehtäviä ja suurempia palkkioita. Tämän maailman palkkioita ei voida verrata taivaan kuningaskunnan palkkioihin niiden koon tai kirkkauden suhteen. Joten jokaisen meistä pitää olla omassa asemassamme alttiita uskossa ja rukoilla että meistä voisi tulla Jumalan työntekijöitä.

Henkilön tulee rukoilla että hänestä voisi tulla Jumalan kuningaskunnan työntekijä jos hänellä ei ole vielä Jumalan antamia velvollisuuksia. Jos henkilöllä on jo velvollisuuksia, hänen täytyy rukoilla että hän voisi suoriutua siitä hyvin ja saada suuremman tehtävän. Maallikon täytyy rukoilla että hänestä tulisi diakoni ja diakonin täytyy rukoilla että hänestä voisi tulla vanhempi. Pienryhmän johtajan tulee rukoilla että hänestä voisi tulla alueen varajohtaja, ja alueen varajohtajan tulee rukoilla että hänestä voisi tulla aluejohtaja. Aluejohtajan tulee puolestaan rukoilla että hän voisi nousta oman asemansa yläpuolelle.

Tämä ei tarkoita sitä että meidän tulee pyytää vanhemman tai diakonin titteliä. Tämä viittaa haluun täyttää velvollisuudet uskollisesti tehden parhaansa niiden täyttämiseksi, sekä haluun palvella Jumalaa ja tulla Hänen käyttämäksi yhä suuremmissa määrin.

Jumalan antamia velvollisuuksia omaavalle henkilölle on kaikkein tärkeintä että hän omaa uskollisuutta jonka avulla hän on enemmän kuin pystyväinen huolehtimaan velvollisuuksista jotka ovat hänen aikaisempia velvollisuuksiaan suurempia. Tämän johdosta hänen täytyy rukoilla että Jumala voi kehua Häntä: "Hyvin tehty, hyvä ja uskollinen palvelijani!"

1. Korinttolaiskirje 4:2 sanoo meille, että: *"Sitä tässä huoneenhaltijoilta ennen muuta vaaditaan, että heidät havaitaan uskollisiksi."* Joten jokaisen meistä täytyy rukoilla sen puolesta että meistä voisi tulla Jumalan uskollisia työntekijöitä kirkoissamme, Jumalan ruumiissa, sen eri asemissa.

4) Ano jokapäiväistä leipää

Jeesus syntyi köyhänä voidakseen lunastaa meidät köyhyydestä. Häntä ruoskittiin ja Hänen vertaan vuodatettiin jotta Hän voisi parantaa kaikkia sairaudet ja heikkoudet. On siis vain luonnollista että Jumalan lapset nauttivat vauraista ja terveistä elämistä, ja että kaikki sujuu heidän kohdallaan hyvin. Jumala sanoo meille että meille annetaan myös kaikki nämä asiat kun me pyydämme ensin Jumalan kuningaskunnan ja vanhurskauden saavuttamista (Matteus 6:33). Toisin sanoen, rukoiltuamme ensin Jumalan kuningaskunnan ja vanhurskauden täyttymisen puolesta meidän tulee rukoilla niiden asioiden puolesta jotka ovat välttämättömiä tämän maailman elämässä, kuten esimerkiksi ruoan, vaatetuksen, suojan, työn, töidemme siunauksen, perheemme hyvinvoinnin sekä muun vastaavan puolesta. Tällöin Jumala tulee täyttämään meidät lupauksensa mukaisesti. Muista, että Jumala ei vastaa rukouksiimme jos me pyydämme näitä asioita himokkaasta sydämemme, emme Jumalan kirkkauden, tähden. Syntisten himojen rukouksilla ei ole mitään tekemistä Jumalan kanssa.

3. Etsikää, niin te löydätte

"Etsiminen" tarkoittaa että sinä olet hukannut jotakin. Jumala haluaa ihmisten omaavan tämän "jonkin" minkä he ovat kadottaneet. Hän käskee meitä etsimään, ja niin meidän pitää ensin päätellä mitä me olemme hukanneet voidaksemme löytää sen. Meidän pitää myös keksiä kuinka löytää se.

Mitä me olemme sitten kadottaneet ja kuinka me "etsimme" sitä? Ensimmäinen Jumalan luoma henkilö muodostui hengestä, sielusta ja ruumiista. Ensimmäinen ihminen oli elävä olento joka pystyi kommunikoimaan Jumalan kanssa, ja niin hän nautti kaikista Jumalan hänelle antamista siunauksista ja eli Hänen Sanansa mukaan.

Tultuaan Saatanan kiusaamaksi tämä ensimmäinen ihminen kuitenkin niskoitteli Jumalaa vastaan. Genesiksen jakeissa 2:16-17 sanotaan: *"Ja Herra Jumala käski ihmistä sanoen: 'Syö vapaasti kaikista muista paratiisin puista, mutta hyvän- ja pahantiedon puusta älä syö, sillä sinä päivänä, jona sinä siitä syöt, pitää sinun kuolemalla kuoleman.'"*

Ihmisten koko velvollisuus on pelätä Jumalaa ja pitää Hänen käskynsä (Saarnaaja 12:13) mutta tästä huolimatta ensimmäinen ihminen ei pitänyt Jumalan käskyä. Lopulta Jumalan varoitusten mukaisesti hänen henkensä kuoli sen jälkeen kun hän söi hyvän- ja pahantiedon puusta ja hänestä tuli sielun mies joka ei pystynyt enää kommunikoimaan Jumalan kanssa. Tämän lisäksi hänen jälkeläistensä henget kuolivat ja myös heistä tuli lihan ihmisiä jotka eivät pystyneet enää täyttämään velvollisuuksiaan. Aatami ajettiin ulos Eedenin puutarhasta kirottuun maahan. Hän sekä kaikki hänen jälkeensä syntyneet ovat joutuneet elämään surun, murheen ja sairauksien keskellä, ja he ovat voineet syödä ainoastaan otsansa hiessä työtä tekemällä. He eivät myöskään ole pystyneet elämään tavalla joka vastaisi Jumalan luomistyön tarkoitusperiä, ja niin ihmisistä on tullut korruptoituneita heidän jahdatessa merkityksettömiä asioita omien ajatustensa mukaisesti.

Sellaisen henkilön, jonka henki on kuollut ja joka muodostuu ainoastaan sielusta ja ruumista, täytyy löytää kadottamansa henki uudestaan voidakseen elää Jumalan luomisen tarkoitusperiä vastaamalla tavalla. Vasta sitten kun ihmisen kuollut henki on vironnut taas henkiin hänestä voi tulla hengen ihminen ja hän voi kommunikoida Jumalan kanssa, joka on Henki, ja elää niinkuin oikea ihminen. Tämän tähden Jumala käskee meitä etsimään kadonnutta henkeämme.

Jumala avasi kaikille ihmisille polun virvoittaa henkensä eloon. Tämä polku on Jeesus Kristus. Uskoessamme Jeesukseen Kristukseen me saamme Jumalan lupauksen mukaisesti Pyhän Hengen osaksemme, ja tämä Pyhä Henki saapuu ja asettuu asumaan meihin. Tämä virvoittaa meidän kuolleen henkemme. Etsiessämme Jumalan kasvoja ja ottaessamme Jeesuksen Kristuksen vastaan kuultuamme kuinka Hän on kolkuttanut sydämemme oveen Pyhä Henki saapuu ja synnyttää hengen (Joh. 3:6). Me voimme elää Jumalan Sanan mukaisesti Hänen avullaan kun me elämme Pyhälle Hengelle kuuliaisena heittäen lihan teot pois, ja kun me kuuntelemme palavasti Jumalan Sanaa, tehden siitä leipämme ja rukoillessamme sen mukaisesti. Tämä on se prosessi jonka kautta kuollut henki virkoaa ja henkilöstä tulee hengen ihminen joka on löytänyt kadottamansa Jumalan kasvot.

Meidän täytyy ensin rikkoa munankuori ja poistaa munanvalkuainen jos me haluamme syödä sen ravintorikkaan keltuaisen. Samalla tavalla henkilön täytyy heittää lihan tekonsa pois ja hänen täytyy synnyttää henki Pyhän Hengen kautta jos hän haluaa tulla hengen ihmiseksi. Tämä on Jumalan mainitsemaa "etsimistä."

Kuvittele, että kaikki maailman sähkösysteemit katkeaisivat. Kukaan asiantuntija ei voisi korjata näitä systeemejä yksin. Tältä asiantuntijalta kestäisi kauan aikaa lähettää sähkömiehiä eri paikkoihin ja tuottaa tarvitsemansa osat niin että sähkö virtaisi taas maailman joka kolkassa.

Samalla tavalla henkilön täytyy kuulla ja tuntea Pyhä Henki jos hän haluaa virvoittaa kuolleen henkensä ja tulla täyden hengen ihmiseksi. Sanan tunteminen ei ole kuitenkaan tarpeeksi tekemään hänestä hengen ihmistä, sillä hänen täytyy kuunnella sitä, tehdä siitä hänen leipänsä ja rukoilla sen mukaan voidakseen elää Jumalan Sanan mukaisesti.

4. Kolkuttakaa, niin teille avataan

Jumalan mainitsema "ovi" on lupauksen ovi joka avataan kun me kolkutamme siihen. Minkälaiseen oveen Jumala käski meitä kolkuttamaan? Kyseessä on ovi meidän Jumalamme sydämeen.

Ennen kuin me koputimme Jumalan sydämen oveen, Hän oli jo koputtanut ensin meidän sydämeemme (Ilmestyskirja 3:20). Tämän johdosta me avasimme oven sydämeemme ja otimme Jeesuksen Kristuksen vastaan. Nyt on meidän vuoromme kolkuttaa Hänen sydämensä oveen. Jumalan sydän on taivaitakin laajempi ja valtameriä syvempi, ja kun me kolkutamme Hänen mittaamattoman suuren sydämensä oveen me voimme saada mitä tahansa.

Rukoillessa ja kolkuttaessamme Jumalan sydämen oveen Hän avaa meille taivaan portit ja kaataa aarteita päällemme. Kukaan ei voi seistä Jumalan ja siunausten virran tiellä kun Jumala avaa taivaan portit ja vannoo siunaavansa meitä, sillä kukaan ei voi sulkea mitä Hän on avannut, eikä kukaan voi avata mitä Hän on sulkenut (Ilmestyskirja 3:7).

Me voimme saada Jumalalta vastauksia kun me kolkutamme Hänen sydämensä oveen. Henkilö voi kuitenkin saada joko vähäisiä tai suuria siunauksia sen mukaan kuinka paljon hän kolkuttaa. Taivaan porttien pitää olla selällään jos hän haluaa saada paljon siunauksia. Meidän pitää siis kolkuttaa Jumalan sydämen oveen yhä enemmän ja tunnollisemmin ja olla Hänelle mieliksi.

Jumala on mielissään ja iloinen kun me heitämme pahan pois ja elämme Hänen käskyjensä mukaan totuudessa. Jos me elämme Hänen Sanansa mukaan me voimme saada mitä ikinä me pyydämme. Toisin sanoen, "Jumalan sydämen oveen kolkuttaminen" viittaa Jumalan käskyjen mukaan elämiseen.

Jumala ei koskaan toru meitä, sanoen: "Miksi sinä kolkutat niin lujaa?" kun me kolkutamme Hänen sydämensä oveen innokkaasti. Päinvastoin, Hän on tästä vain iloinen ja haluaa antaa meille mitä me pyydämme. Joten minä toivon että sinä kolkuttaisit Jumalan sydämen oveen teoillasi, saisit kaiken mitä sinä pyydät ja siten kirkastaisit Jumalaa suuresti.

Oletko sinä koskaan yrittänyt ampua lintua lingolla? Minä muistan kuinka eräs isäni ystävä kehui taitojani lingon rakentamisessa. Linko on pieni esine joka on valmistettu varovasti vuolemalla pienestä puusta tietty muoto johon on sitten kiinnitetty kumilanka Y-muotoisen puun sarviin.

Jos minä vertaisin Matteuksen jakeita 7:7-11 linkoon, "anominen" viittaa lingon ja kiven löytämiseen joiden avulla ampua lintu. Tämän jälkeen sinun pitää varustaa itsesi kyvyllä tähdätä lintua. Mitä hyötyä lingosta tai kivestä olisi jos sinä et osaisi käyttää niitä? Sinä haluat ehkä rakentaa itsellesi maalitaulun, totuttautua linkoosi, harjoitella ampumista ja sitten miettiä ja päättää mikä on paras tapa linnun pyydystämiseen. Tämä prosessi on "etsimistä." Lukemalla, sulattelemalla ja tekemällä Jumalan Sanasta leipääsi sinä varustat itsesi Jumalan lapsena Hänen vastaustensa saamiseksi.

Sen jälkeen kun sinä olet varustanut itsesi kyvyllä käyttää linkoa ja tähdätä kunnolla sinun täytyy alkaa ampua. Tätä voidaan verrata "kolkuttamiseen." Sinä et voi pyydystää lintua jos sinä et yritä ampua. Tällöin ei ole mitään hyötyä siitä että sinä olet valmistanut lingon ja hyvän kiven ja että sinä olet tarpeeksi hyvä käyttämään niitä. Toisin sanoen, me voimme saada Jumalalta mitä me olemme Häneltä pyytäneet vasta sitten kun me elämme kuuliaisena Jumalan Sanalle, josta me olemme tehneet sydämessämme itsellemme leipää.

Anominen, etsiminen ja kolkuttaminen eivät ole erillisiä prosesseja vaan yksi kokonaisuus. Nyt sinä tiedät mitä anoa, mitä etsiä ja mihin kolkuttaa. Minä rukoilen Herramme nimessä, että sinä kirkastaisit Jumalaa suuresti Hänen siunattuna lapsena saadessasi vastauksia sydämesi toiveisiin anomalla, etsimällä ja kolkuttamalla innokkaasti ja palavasti!

Luku 2

Uskokaa saaneenne

Totisesti minä sanon teille:
jos joku sanoisi tälle vuorelle:
'Kohoa ja heittäydy mereen', eikä epäilisi sydämessään,
vaan uskoisi sen tapahtuvan, minkä hän sanoo,
niin se hänelle tapahtuisi.
Sentähden minä sanon teille:
kaikki, mitä te rukoilette ja anotte,
uskokaa saaneenne,
niin se on teille tuleva.

Mark. 11:23-24

1. Uskon suuri voima

Eräänä päivänä Jeesusta seuraavat opetuslapset kuulivat heidän Opettajansa sanovan viikunapuulle: *"Sinusta ikinä enää hedelmää kasvako"* (Matteus 21:19). He olivat ihmeissään ja esittivät Jeesukselle kysymyksen nähdessään että puun juuret olivat kuihtuneet seuraavana päivänä. Jeesus vastasi heille: *"Totisesti minä sanon teille: jos teillä olisi uskoa ettekä epäilisi, niin ette ainoastaan voisi tehdä sitä, mikä viikunapuussa tapahtui, vaan vieläpä, jos sanoisitte tälle vuorelle: 'Kohoa ja heittäydy mereen', niin se tapahtuisi"* (Matteus 21:21).

Hän myös lupasi heille: *"Totisesti, totisesti minä sanon teille: joka uskoo minuun, myös hän on tekevä niitä tekoja, joita minä teen, ja suurempiakin, kuin ne ovat, hän on tekevä; sillä minä menen Isän tykö, ja mitä hyvänsä te anotte minun nimessäni, sen minä teen, että Isä kirkastettaisiin Pojassa. Jos te anotte minulta jotakin minun nimessäni, niin minä sen"* (Joh. 14:12-14), ja *"Jos te pysytte minussa ja minun sanani pysyvät teissä, niin anokaa, mitä ikinä tahdotte, ja te saatte sen. Siinä minun Isäni kirkastetaan, että te kannatte paljon hedelmää ja tulette minun opetuslapsiksenin"* (Joh. 15:7-8).

Lyhyesti sanottuna, Luoja on kaikkien Jeesuksen Kristuksen vastaan ottaneiden Isä, ja tämän tähden he voivat saada kaiken mitä heidän sydämensä haluaa kun he uskovat Jumalaan ja noudattavat Hänen Sanaansa. Matteuksen jakeessa 17:20 Jeesus sanoo: *"Teidän epäuskonne tähden; sillä totisesti minä sanon teille: jos teillä olisi uskoa sinapinsiemenenkään verran, niin te voisitte sanoa tälle vuorelle: 'Siirry täältä tuonne', ja se siirtyisi, eikä mikään olisi teille mahdotonta."* Miksi niin monet ihmiset eivät sitten saa Jumalalta vastauksia rukouksiinsa eivätkä he tuota Hänelle kunniaa heidän lukuisista rukouksissa vietetyistä tunneista huolimatta? Tutkiskelkaamme seuraavaksi kuinka me voimme kirkastaa Jumalaa saadessamme kaiken mitä me rukouksessa Häneltä pyydämme.

2. Usko kaikkivaltiaaseen Jumalaan

Pysyäkseen hengissä ihminen tarvitsee syntymästään saakka tiettyjä välttämättömiä asioita, kuten ruokaa, vaatteita, suojaa ja muuta vastaavaa. Kaikista tärkein osa elossa pysymistä on kuitenkin hengittäminen; tämä tekee elämisen mahdolliseksi ja tekee elämisestä elämisen arvoista. Jeesuksen Kristuksen hyväksyneet ja uudelleen syntyneet Jumalan lapset tarvitsevat monia asioita elämiseen, mutta kaikista tärkein näistä on kuitenkin rukous.

Rukous on kanava dialogiin Jumalan kanssa, joka on Henki, sekä henkemme hengittämistä. Rukous on myös keino pyytää Jumalalta ja saada Häneltä vastauksia, mutta tämän mukaisesti rukouksen tärkein piirre on meidän sydämemme jolla me uskomme kaikkivaltiaaseen Jumalaan. Henkilö uskoo saavansa Jumalalta vastauksia sen mukaan kuinka vahvasti hän uskoo Jumalaan rukoillessaan, ja tämän mukaisesti ne myös annetaan hänelle.

Kuka tämä Jumala sitten on johon me uskomme tällä tavalla? Ilmestyskirjan jakeessa 1:8 Jumala kuvaa itseään sanomalla: *"Minä olen A ja O, joka on ja joka oli ja joka tuleva on, Kaikkivaltias."* Vanhan testamentin Jumala on koko maailmankaikkeuden ja kaiken siinä olevan Luoja (Genesis 1:1-3). Hän jakoi Punaisen meren kahteen osaan ja salli Egyptistä lähteneiden israelilaisten ylittää sen (Exodus 14:21-19). Israelilaisten noudattaessa Jumalan käskyjä Jerikon ympäri seitsemän päivän ajan marssien ja lopulta lujaa huutaen tämän muurit sortuivat (Jeriko 6:1-21). Joosua rukoili Jumalaa kesken taistelua amorilaisia vastaan ja Jumala seisautti auringon ja pysäytti kuun (Joosua 10:12-14).

Uudessa testamentissa kaikkivaltiaan Jumalan poika Jeesus herätti kuolleet haudasta (Joh. 11:17-44), paransi kaikenlaisia sairauksia ja tauteja (Matteus 4:23-24), avasi sokeiden silmät (Joh. 9:6-11), ja sai rammat nousemaan ja kävelemään (Ap.t. 3:1-10). Hän myös ajoi pois Sanallaan paholais-vihollisen ja pahat henget (Mark. 5:1-20) ja syötti 5000 ihmistä viidellä leivällä ja kahdella kalalla (Mark. 6:34-44). Tyynnyttämällä tuulen ja aallot Hän myös osoitti olevansa kaiken maailmankaikkeudessa olevan Hallitsija (Mark. 4:35-39).

Tämän tähden meidän pitää uskoa kaikkivaltiaaseen Jumalaan joka antaa meille suuressa rakkaudessaan hyviä lahjoja. Jeesus sanoi meille Matteuksen jakeissa 7:9-11 näin: *"Vai kuka teistä on se ihminen, joka antaa pojallensa kiven, kun tämä pyytää häneltä leipää, taikka, kun hän pyytää kalaa, antaa hänelle käärmeen? Jos siis te, jotka olette pahoja, osaatte antaa lapsillenne hyviä lahjoja, kuinka paljoa ennemmin teidän Isänne, joka on taivaissa, antaa sitä, mikä hyvää on, niille, jotka sitä häneltä anovat!"* Rakkauden Jumala haluaa antaa lapsilleen kaikista parhaimmat lahjat.

Ylitsevuotavaisessa rakkaudessaan Jumala antoi meille Hänen ainoan Poikansa. Mitä muuta Hän ei sitten antaisi meille? Jesaja 53:5-6 sanoo: *"Mutta hän on haavoitettu meidän rikkomustemme tähden, runneltu meidän pahain tekojemme tähden. Rangaistus oli hänen päällänsä, että meillä rauha olisi, ja hänen haavainsa kautta me olemme paratut. Me vaelsimme kaikki eksyksissä niinkuin lampaat, kukin meistä poikkesi omalle tielleen. Mutta Herra heitti hänen päällensä kaikkien meidän syntivelkamme."* Meille valmistetun Jeesuksen Kristuksen kautta me olemme saaneet elämän kuolemasta, ja me voimme nauttia rauhasta ja tulla parannetuksi

Jumalan lasten ei pidä huolehtia tai olla levottomia kiusausten ja virheiden aikana. Tämän sijaan he voivat kiittää, iloita ja rukoilla jos he palvelevat kaikkivaltiasta ja elävää Jumalaa Isänään ja uskovat että Jumala antaa kaiken tapahtua Häntä rakastavien lastensa hyväksi, ja että Hän vastaa Häntä apuun huutaville.

Tämä on "Jumalaan uskomista" ja Hän on mielissään kun Hän näkee henkilön osoittavan uskonsa tällä tavalla. Jumala myös vastaa meille meidän uskomme mukaisesti ja Hän sallii meidän kirkastavan Häntä näyttämällä todisteita olemassaolostaan.

3. Ano uskossa äläkä epäile

Taivaisen, maan ja ihmiskunnan Luoja salli ihmisen koota Raamatun jotta Hänen suunnitelmansa olisi aina ihmiskunnan tiedossa. Jumala on näyttänyt itsensä kaikkina aikoina Häneen uskoville ja Hänen Sanaansa noudattaville, ja Hänen ihmeellisten merkkiensä ja ihmeidensä kautta Hän todistaa meille että Hän on elossa ja kaikkivaltias.

Me voimme uskoa Jumalaan pelkästään luomakuntaa katsomalla (Room. 1:20) ja kirkastaa Häntä saamalla Häneltä vastauksia rukoilemalla Häntä uskossa.

On olemassa "lihallista uskoa", jonka avulla me voimme uskoa sen tähden että meidän tietoutemme ja ajatuksemme ovat yhdenmukaisia Jumalan Sanan kanssa, sekä "hengellistä uskoa", joka on uskoa jonka avulla me voimme Saada Jumalalta vastauksia. Jumalan Sana ei ole kuulosta mahdolliselta jos sitä ajatellaan ihmisten tietouteen ja ajatuksiin nojaten, mutta jos me pyydämme Häneltä Häneen uskoen, Hän antaa meille uskoa sekä varmuutta. Tämä usko ja varmuus kristallisoituvat vastaukseksi, ja tämä on hengellistä uskoa.

Tämän tähden Jaak. 1:6-8 sanoo meille: *"Mutta anokoon uskossa, ollenkaan epäilemättä; sillä joka epäilee, on meren aallon kaltainen, jota tuuli ajaa ja heittelee. Älköön sellainen ihminen luulko Herralta mitään saavansa, kaksimielinen mies, epävakainen kaikilla teillään."*

Epäilys on lähtöisin ihmisen tietoudesta, ajatuksista, mielipiteistä ja teeskentelystä ja paholais-vihollisen tuomaa. Epäilevä sydän on petollinen ja katala, ja tätä sydäntä Jumala vihaa eniten. Kuinka traagista olisikaan jos sinun lapsesi eivät uskoisi sinuun vaan sen sijaan epäilisivät oletko sinä heidän biologinen isänsä tai äitinsä? Kuinka Jumala voisi sitten vastata Hänen lastensa rukouksiin jos he eivät edes usko että Hän on heidän Isänsä siitä huolimatta että Hän kantoi ja ruokki heitä?

Meitä muistutetaan tämän tähden seuraavasti: *"Sentähden että lihan mieli on vihollisuus Jumalaa vastaan, sillä se ei alistu Jumalan lain alle, eikä se voikaan. Jotka lihan vallassa ovat, ne eivät voi olla Jumalalle otolliset"* (Room. 8:7-8), ja kehotetaan seuraavasti: *"Me hajotamme maahan järjen päätelmät ja jokaisen varustuksen, joka nostetaan Jumalan tuntemista vastaan, ja vangitsemme jokaisen ajatuksen kuuliaiseksi Kristukselle"* (2. Korinttolaiskirje 10:5).

Jumala on hyvin mielissään ja Hän antaa meille mitä tahansa me pyydämme kun meidän uskomme muuttuu hengelliseksi uskoksi eikä meissä ole lainkaan epäilystä. Mooses tai Joosua eivät kumpikaan epäilleet lainkaan vaan toimivat ainoastaan uskossa, ja niin he pystyivät jakamaan Punaisen meren, ylittämään Jordan-joen ja tuhoamaan Jerikon muurit. Samalla tavalla jos sinä sanot vuorelle: "Nouse ja heittäydy mereen" ilman että sinä epäilet lainkaan, uskoen että näin tulee tapahtumaan, tämä tulee tapahtumaan sinulle.

Kuvittele, että sinä sanoisit Mt. Everestille: "Nouse ja heittäydy Intian valtamereen." Saisitko sinä vastauksen tähän rukoukseen? On selvää mikä maailmanlaajuinen kaaos siitä seuraisi jos Mt. Everest heittäytyisi Intian valtamereen. Tämä ei voi olla, eikä se ole Jumalan tahto, ja niin sinä et saisi tämänkaltaiseen rukoukseen vastausta vaikka sinä rukoilisit kuinka paljon tahansa, sillä Hän ei anna sinulle hengellistä uskoa jolla uskoa Häneen.

Usko, jonka avulla sinä voit uskoa sydämessäsi ei tule sinuun jos sinä rukoilet jotakin mikä on Jumalan tahdon vastaista. Sinä saatat uskoa aluksi että sinun rukoukseesi tullaan vastaamaan mutta ajan kuluessa sinä alat epäillä. Sinä saat kuitenkin vastauksia vasta sitten kun sinä rukoilet ja pyydät Jumalan tahdon mukaisesti yhtään epäilemättä. Joten jos sinun rukoukseesi ei olla vielä vastattu, sinun tulee ymmärtää että tämä johtuu siitä että sinä olet joko pyytänyt jotakin mikä on Jumalan tahdon vastaista tai sitten sinä epäilet tai olet epäillyt Hänen Sanaansa.

1. Joh. 3:21-22 muistuttaa meitä näin: *"Rakkaani, jos sydämemme ei syytä meitä, niin meillä on uskallus Jumalaan, ja mitä ikinä anomme, sen me häneltä saamme, koska pidämme hänen käskynsä ja teemme sitä, mikä on hänelle otollista."*

Jumalan käskyjä noudattavat ja Häntä miellyttävät henkilöt eivät pyydä asioita jotka ovat Hänen tahtonsa vastaisia. Me voimme saada mitä tahansa me pyydämme niin kauan kun meidän rukouksemme ovat Hänen tahtonsa mukaisia. Jumala sanoo meille: *"Sentähden minä sanon teille: kaikki, mitä te rukoilette ja anotte, uskokaa saaneenne, niin se on teille tuleva"* (Mark. 11:24).

Joten voidaksesi saada Jumalalta vastauksia sinun tulee ensiksi saada Häneltä hengellistä uskoa jonka Hän antaa kun sinä toimit ja elät Hänen Sanansa mukaisesti. Epäilykset katoavat ja sinä saat omata hengellistä uskoa, saaden siten mitä tahansa sinä haluat pyytää, kun sinä tuhoat kaikki mielipiteesi ja spekulaatiosi mitkä sinä olet nostanut Jumalaa vastaan.

4. Usko että sinä olet saanut mitä sinä olet pyytänyt ja rukoillut

4. Moos 23:19 muistuttaa meitä: *"Ei Jumala ole ihminen, niin että hän valhettelisi, eikä ihmislapsi, että hän katuisi. Sanoisiko hän jotakin eikä sitä tekisi, puhuisiko jotakin eikä sitä täyttäisi?"*

Sinun täytyy uskoa että sinä olet saanut kaiken mitä sinä olet pyytänyt ja rukoillut jos sinä todella uskot Jumalaan ja anot uskossa ilman epäilyksen häivääkään. Jumala on kaikkivaltias ja uskollinen, ja Hän lupaa vastata meille.

Miksi niin monet sitten sanovat että he eivät ole saaneet Häneltä vastauksia siitä huolimatta että he ovat rukoilleet uskossa? Johtuuko tämä siitä että Jumala ei ole vastannut heille? Ei. Jumala on vastannut heidän rukoukseensa mutta tämä kestää jonkin aikaa sillä he eivät ole valmistaneet itsestään tarpeeksi hyviä astioita Hänen vastaustensa säilömiseen.

Maanviljelijä kylvää siemenet ja uskoo että hän tulee korjaamaan hyvän sadon vaikkei hän voikaan tehdä sitä saman tien. Sen jälkeen kun siemenet on kylvetty ne versovat, kukkivat ja kantavat hedelmää. Jotkut siemenet tarvitsevat muita lajeja enemmän aikaa ennen kuin ne alkavat kantaa hedelmää. Samalla tavalla Jumalan vastausten saamisen prosessi tarvitsee kylvämistä ja kasvattamista.

Kuvittele, että oppilas rukoilee seuraavasti: "Anna minun päästä opiskelemaan Harvardin yliopistoon." Jumala vastaa varmasti tämän oppilaan rukoukseen jos hän rukoilee Hänen voimaansa luottaen. Vastaus ei kuitenkaan pakosti saavu heti saman tien. Jumala valmistaa oppilaasta hyvän astian vastauksiaan varten ja vastaa oppilaan hänen rukoukseensa myöhemmin. Jumala antaa hänelle sydämen jonka avulla hän voi opiskella ahkerasti ja tunnollisesti niin että voi menestyä koulussa. Oppilaan jatkaessa rukoilemista Jumala poistaa hänen mielestään kaikki maailmalliset ajatukset, antaa hänelle viisautta ja valaisee häntä opiskelemaan entistä tehokkaammin. Jumala antaa kaiken oppilaan elämässä sujua hyvin hänen tekojensa mukaisesti, ja Hän antaa oppilaalle valmiudet päästä Harvardiin oikean hetken koittaessa.

Sama sääntö pätee myös sairauksia poteviin ihmisiin. Jumalan Sanan kautta he oppivat miksi sairaudet kohtaavat meitä ja kuinka ne voidaan parantaa, ja niin he tulevat parannetuiksi kun he rukoilevat uskossa. Heidän täytyy löytää heidän ja Jumalan välissä oleva synnin muuri ja löytää sairauksiensa juuri. Heidän täytyy heittää pois viha ja muuttaa sydämensä rakkauden sydämeksi jos heidän sairautensa on johtunut vihasta. Jos sairaus on taas johtunut ylensyömisestä, heidän täytyy saada Jumalalta voimaa hillitä itsensä ja korjata pahat tapansa. Vain tämänkaltaisten prosessien kautta Jumala antaa ihmisille uskoa jonka kautta he voivat uskoa ja jonka kautta Hän valmistaa astioita joille antaa vastauksiaan.

Vaurauden rukoileminen liikeyritykselleen ei eroa yllä

olevasta. Jumala antaa sinulle ensin koettelemuksia joiden avulla sinusta voi tulla tarpeeksi hyvä astia Hänen vastauksilleen jos sinä rukoilet saavasi siunauksia liikeyrityksesi kautta. Hän antaa sinulle viisautta ja voimaa niin että sinun tapasi johtaa yritystä paranee ja sinun yrityksesi laajenee niin että sinut opastetaan loistavaan tilaisuuteen johtaa yritystäsi. Hän ohjaa sinut luotettavien ihmisten luokse ja lisää tulojesi määrää hiljalleen ja kasvattaa yritystäsi. Hän vastaa sinun rukoukseesi Hänen valitseman ajankohdan koittaessa.

Näiden kylvämisen ja kasvattamisen prosessien kautta Jumala johdattaa sinun sielusi kukoistukseen ja asettaa sinulle koettelemuksia joiden kautta sinusta voi tulla tarpeeksi hyvä astia saamaan mitä sinä ikinä Häneltä pyydätkin. Joten sinun ei pidä koskaan olla kärsimätön omien ajatustesi tähden, vaan tämän sijaan sinun tulee mukautua Jumalan suunnitelmiin ja odottaa Hänen hetkeään, uskoen että sinä olet jo saanut Hänen vastauksensa.

Hengellisen maailman lakien mukaan kaikkivaltias Jumala vastaa lapsilleen oikeudenmukaisuudessaan, ja Hän on mielissään kun Hänen lapsensa pyytävät Häneltä uskossa. Heprealaiskirje 11:6 muistuttaa meitä: *"Mutta ilman uskoa on mahdoton olla otollinen; sillä sen, joka Jumalan tykö tulee, täytyy uskoa, että Jumala on ja että hän palkitsee ne, jotka häntä etsivät."*

Minä rukoilen Herran nimessä että sinä miellyttäisit Jumalaa omaamalla uskoa, jonka avulla sinä voit uskoa että sinä olet jos saanut kaiken mitä sinä olet pyytänyt rukouksessa ja tuottaa Hänelle suuresti kunniaa saamalla kaiken mitä sinä olet pyytänyt!

Luku 3

Jumalaa miellyttävä rukous

Ja hän meni ulos ja lähti tapansa mukaan Öljymäelle,
ja hänen opetuslapsensa seurasivat häntä.
Ja tultuaan siihen paikkaan hän sanoi heille:
"Rukoilkaa, ettette joutuisi kiusaukseen."

Ja hän vetäytyi heistä noin kivenheiton päähän,
laskeutui polvilleen ja rukoili sanoen:
"Isä, jos sinä tahdot, niin ota pois minulta tämä malja;
älköön kuitenkaan tapahtuko minun tahtoni, vaan sinun."
Niin hänelle ilmestyi taivaasta enkeli, joka vahvisti häntä.
Ja kun hän oli suuressa tuskassa, rukoili hän yhä hartaammin.
Ja hänen hikensä oli niinkuin veripisarat,
jotka putosivat maahan.

Luukas 22:39-44

1. Jeesus antoi esimerkin kunnollisesta rukouksesta

Luukas 22:39-44 kuvaa kohtauksen jossa Jeesus rukoili Getsemanessa ennen kuin Hänet seuraavana päivänä vietiin ristille avaamaan pelastuksen polkua koko ihmiskunnalle. Nämä jakeet kertovat meille minkälaisen asenteen meidän pitää omata sydämessämme kun me rukoilemme.

Kuinka Jeesus rukoili voidakseen kantaa painavan ristin sekä voittaa paholais-vihollisen? Minkälaisen sydämen Jeesus omasi kun Hän rukoili Jumalaa tavalla mikä miellytti Häntä niin paljon että Hän lähetti enkeleitä taivaasta lohduttamaan Häntä?

Syventykäämme näiden jakeiden avulla seuraavaksi siihen minkälaisella asenteella meidän pitää rukoilla voidaksemme miellyttää Jumalaa. Minä kehotan sinua tutkimaan omaa rukouksen elämääsi.

1) Jeesus rukoili jatkuvasti

Jumala käski meitä rukoilemaan tauotta (1. Tess. 5:17) ja Hän lupaa antaa meille mitä me Häneltä pyydämme (Matteus 7:7). On oikein rukoilla jatkuvasti ja pyytää kaiken aikaa mutta tästä huolimatta monet ihmiset rukoilevat ainoastaan silloin kun he kohtaavat ongelmia.

Silti Jeesus meni ja polvistui Öljymäellä tapansa mukaan (Luukas 22:39). Profeetta Daniel jatkoi kolme kertaa päivässä polvistaan, rukoillen ja kiittäen Jumalaansa niin kuin aiemmin

(Daniel 6:10), ja Jeesuksen kaksi opetuslasta, Pietari ja Johannes, varasivat tietyn osan päivästä rukoilemista varten (Ap.t. 3:1). Meidän täytyy seurata Jeesuksen esimerkkiä ja ottaa tavaksemme varata tietty osa päivästä rukoilemista varten joka päivä. Jumala on erityisen mielissään siitä että ihmiset rukoilevat aamuisin ja omistavat kaikkensa Jumalalle heti päivän alusta saakka, ja siitä että he rukoilevat iltaisin kiittäisin Jumalaa Hänen antamastaan suojeluksesta. Näiden rukousten kautta sinä voit saada Jumalan suurta voimaa.

2) Jeesus polvistui rukoukseen

Polvistuessasi sinun sydämesi, jonka avulla sinä rukoilet, seisoo pystyssä ja sinä osoitat kunnioitusta puhuttelemallesi henkilölle. On vain luonnollista että kuka tahansa Jumalaa rukoileva polvistuu rukoillessaan polvilleen.

Jumalan Poika Jeesus rukoili nöyrällä asenteella polvistuessaan rukoukseen kaikkivaltiaan Jumalan edessä. Kuningas Salomo (1. Kun. 8:54), apostoli Paavali (Ap.t. 20:36) sekä marttyyrina kuollut diakoni Stefanus (Ap.t. 7:60) kaikki polvistuivat kun he rukoilivat.

Me olemme hermostuneita ja yritämme varmistaa että me emme tee mitään virheitä kun me lähestymme vanhempiamme tai muita arvovaltaisia henkilöitä pyytääksemme heiltä jotakin mitä me haluamme. Kuinka meidän pitää sitten olla hengessä ja ruumiissa kun me puhumme itse Luojalle? Polvistuminen ilmaisee että sinun sydämesi kunnioittaa Jumalaa ja luottaa Hänen voimaansa. Meidän pitää siistiä itsemme ja polvistua nöyrästi kun me rukoilemme.

3) Jeesuksen rukous oli Jumalan tahdon mukainen

Jeesus rukoili Jumalaa: *"Älköön kuitenkaan tapahtuko minun tahtoni, vaan sinun"* (Luukas 22:42). Jeesus, Jumalan Poika, tuli tähän maailmaan kuolemaan puisella ristillä siitä huolimatta että Hän oli nuhteeton ja viaton. Tämän tähden Hän rukoili seuraavasti: *"Isä, jos sinä tahdot, niin ota pois minulta tämä malja"* (Luukas 22:42). Hän kuitenkin tiesi että oli Jumalan tahto pelastaa koko ihmiskunta yhden henkilön kautta, ja niin Hän rukoili Jumalan tahdon mukaisesti, ei oman itsensä puolesta.

1. Korinttolaiskirje 10:31 sanoo: *"Söittepä siis tai joitte tai teittepä mitä hyvänsä, tehkää kaikki Jumalan kunniaksi."* Me emme ano kunnollisia asioita jos me pyydämme Jumalalta jotakin mikä ei ole Hänen kunniakseen vaan ainoastaan omien himojemme tyydyttämistä. Meidän tulee siis rukoilla ainoastaan Jumalan tahdon mukaisesti. Jumala myös kehottaa meitä muistamaan Jaak. 4:2-3: *"Te himoitsette, eikä teillä kuitenkaan ole; te tapatte ja kiivailette, ettekä voi saavuttaa; te riitelette ja taistelette. Teillä ei ole, sentähden ettette ano. Te anotte, ettekä saa, sentähden että anotte kelvottomasti, kuluttaaksenne sen himoissanne."* Meidän pitää siis tutkiskella itseämme ja tarkistella rukoilemmeko me vain oman etumme tähden.

4) Jeesus kamppaili rukouksessa

Luukaksen jakeessa 22:44 näkyy kuinka vilpittömästi rukoili: *"Ja kun hän oli suuressa tuskassa, rukoili hän yhä hartaammin. Ja hänen hikensä oli niinkuin veripisarat, jotka putosivat maahan."* Yleensä ilma oli Getsemanessa viileä iltaisin, ja niin Jeesus ei hikoillut helposti rukoillessaan. Voitko sinä edes kuvitella kuinka kovasti Jeesuksen on täytynyt rukoilla vilpittömästi jotta Hänen hikipisaransa olisivat olleet kuin maahan putoilevia veripisaroita? Olisiko Jeesus voinut rukoilla niin palavasti että Hän hikoili jos Hän olisi rukoillut hiljaa? Jeesus huusi Jumalaa palavasti ja vilpittömästi, ja niin Hänen hikensä oli "niinkuin veripisarat jotka putosivat maahan."

Genesiksen jakeessa 3:17 Jumala sanoo Aatamille: *"Koska kuulit vaimoasi ja söit puusta, josta minä kielsin sinua sanoen: 'Älä syö siitä', niin kirottu olkoon maa sinun tähtesi. Vaivaa nähden sinun pitää elättämän itseäsi siitä koko elinaikasi."* Ennen kuin ihminen kirottiin hän eli kaiken Jumalan hänelle antaman runsauden keskellä. Synti kuitenkin hiipi hänen sisäänsä Jumalaa vastaan niskoittelun kautta ja niin hänen kommunikointinsa Luojan kanssa päättyi, ja hän pystyi nyt syömään ainoastaan raskaan työn kautta.

Mitä meidän pitää sitten tehdä jos me pyydämme Jumalalta jotakin mihin me emme itse pysty jos kaikki mitä me itse pystymme saavuttamaan voidaan saavuttaa vain raskaan työn kautta? Muista että me voimme saada Jumalalta mitä me olemme pyytäneet ainoastaan huutamalla Häntä rukouksessa, tekemällä ankarasti työtä ja hikoilemalla. Pidä myös mielessäsi että Jumala sanoi meille että työ ja vaivannäkö olivat tarpeellisia hedelmän kantamiseksi, ja että Jeesus itse teki työtä ja kamppaili rukouksessa. Pidä nämä asiat mielessäsi, tee mitä Jeesus teki ja rukoile Jumalaa miellyttävällä tavalla.

Me olemme tähän saakka tutkiskelleet kuinka esimerkillisesti rukoillut Jeesus rukoili. Minkälaisella asenteella meidän, Jumalan luotujen olentojen, tulee rukoilla jos kaiken vallan omaava Jeesus rukoili yllä olevan mukaisesti? Henkilön rukouksen asenne ja muoto ilmaisevat hänen sydäntään. Joten on yhtä tärkeää minkälaisella sydämellä me rukoilemme kuin minkälaisella asenteella me rukoilemme.

2. Jumalaa miellyttävän rukouksen vaatimukset

Minkälaisella sydämellä meidän tulee sitten rukoilla Jumalaa jotta Hän mieltyisi meihin ja vastaisi rukoukseemme?

1) Sinun tulee rukoilla koko sydämelläsi

Me olemme oppineet Jeesuksen esimerkin kautta että henkilön sydämestä lähtöisin oleva rukous kumpuaa siitä asenteesta millä hän rukoilee Jumalaa. Tästä asenteesta me voimme päätellä minkälaisella sydämellä henkilö rukoilee.

Tarkistelkaamme Jaakobin rukousta Genesiksen kirjassa 32. Jabbok-joki edessään Jaakob oli pulassa. Hän ei voinut palata takaisin sillä hän oli sopinut Laaban-setänsä kanssa että hän ei ylittäisi Galeed-nimistä rajaviivaa. Hän ei voinut myöskään ylittää Jabbok-jokea jonka toisella puolella hänen veljensä Eesau odotti 400 miehen kanssa ottaakseen hänet kiinni. Tänä epätoivoisena aikana Jaakobin ylpeys ja itseluottamus joihin hän aikaisemmin oli aina luottanut tuhoutuivat täysin. Lopulta Jaakob ymmärsi että hänen ongelmansa voisivat ratketa vasta sitten kun hän antaisi kaiken Jumalan haltuun ja liikuttaisi sydäntään. Jaakob paini rukouksessa niin että hänen lonkkansa murtui ja lopulta hän sai Jumalalta vastauksen. Jaakobin onnistui liikuttaa Jumalan sydäntä ja sopia veljensä kanssa joka oli odottanut häntä maksaakseen hänelle kalavelkojaan.

Katso tarkasti 1. Kuninkaiden kirjan lukua 18 jossa profeetta Elia sai Jumalalta "tulisen vastauksen" ja antoi Jumalalle suuresti kunniaa. Epäjumalanpalveluksen ollessa hyvin yleistä kuningas Ahabin valtakaudella Elia taisteli yksin 450 Baalin profeettaa vastaan ja voitti heidät kaikki tuomalla maahan Jumalan tulen israelilaisten edessä, todistaen näin elävästä Jumalasta.

Tähän aikaan Ahab piti profeettaa Eliaa syypäänä siihen että Israelia oli kohdannut kolme ja puolivuotinen nälänhätä ja hän yritti etsiä profeettaa. Jumala kuitenkin käski Eliaa menemään kuninkaan eteen ja käskyn saatuaan Elia noudatti sitä välittömästi. Profeetta astui häntä tappoaikeissa etsineen kuninkaan eteen ja puhui rohkeasti niin kuin Jumala häntä ohjasi. Hän käänsi kaiken takaisin uskon rukouksella jossa ei ollut lainkaan epäilystä ja niin katumuksen teot kävivät toteen niille jotka kääntyivät epäjumalistaan Jumalan puoleen. Lisäksi Elia polvistui maahan ja laittoi kasvonsa polviensa väliin rukoillessaan vilpittömästi että hän voisi tuoda Jumalan teot maan päälle ja lopettaa maata kolmen ja puolen vuoden ajan piinanneen kuivuuden (1. Kun 18:42).

Meidän Jumalamme muistuttaa meitä Hesekielin jakeissa 36:36-37 näin: *"Näin sanoo Herra, Herra: Vielä tätäkin annan Israelin heimon minulta anoa, että tekisin heille sen."* Eli vaikka Jumala oli luvannut Elialle että rankka sade lankeaisi Israelin päälle, tämä sade ei olisi voinut langeta jos Elia ei olisi rukoillut vilpittömästi sydämensä pohjasta. Sydämemme pohjasta lähtöisin oleva rukous voi liikuttaa ja vaikuttaa Jumalaan joka vastaa meille pikaisesti ja sallii meidän tuottavan Hänelle kunniaa.

2) Sinun täytyy huutaa Jumalaa rukouksessa

Jumala lupaa meille että Hän kuuntelee meitä ja kohtaa meidät kun me kutsumme Häntä ja saavumme Hänen luokseen, rukoilemme Häntä ja etsimme Häntä koko sydämellämme

(Jeremia 29:12-13; Sananlaskut 8:17). Jeremian jakeessa 33:3 Hän lupaa meille myös näin: *"Huuda minua avuksesi, niin minä vastaan sinulle ja ilmoitan sinulle suuria ja salattuja asioita, joita sinä et tiedä."* Jumala käskee meitä huutamaan Häntä rukouksessa sen tähden että huutaessamme Häntä kovalla äänellä rukouksessa me pystymme rukoilemaan koko sydämellämme. Toisin sanoen, huutaessamme rukouksessa me irtoamme maailmallisista ajatuksista, väsymyksestä ja uneliaisuudesta ja meidän omat ajatuksemme eivät löydä mielestämme paikkaa.

Silti monet kirkot uskovat nykyään ja opettavatkin seurakunnilleen että pyhättöjen sisällä on "harrasta" ja "pyhää" olla hiljaa. Joidenkin huutaessa Jumalaa kovalla äänellä muu seurakunta pitää heidän käytöstään sopimattomana ja jopa tuomitsevat heidät harhaoppisiksi. Tähän on kuitenkin päädytty tuntematta Jumalan Sanaa ja Hänen tahtoaan.

Jumalan suuria töitä ja herätystä todistaneet alkukirkot pystyivät miellyttämään Jumalaa Pyhän Hengen täyteydessä huutaessaan Jumalaa yhdessä äänessä (Ap.t. 4:24). Jopa tänäkin päivänä me näemme kuinka lukemattomat ihmeet ja merkit käyvät toteen ja kuinka Jumalaa kovalla äänellä huutavat ja Jumalan tahtoa seuraavat ja sen mukaan elävät kirkot kokevat suurta herätystä.

"Jumalan huutaminen" viittaa Jumalan rukoilemista vilpittömällä rukouksella kohotetuin äänin. Tämänkaltaisen rukouksen kautta veljet ja sisaret Kristuksessa voivat täyttyä Pyhällä Hengellä ja he voivat saada rukouksiinsa vastauksia ja muita hengellisiä lahjoja kun paholais-vihollisen häiritsevät työt ajetaan pois.

Raamattuun on kirjattu lukemattomia tapauksia joissa Jeesus ja uskon isät huusivat Jumalaa ääntään kohottaen ja saivat Häneltä vastauksia.

Tutkiskelkaamme muutamaa esimerkkiä Vanhasta testamentista.

Exoduksen jakeissa 15:22-25 on kohtaus joissa israelilaiset ovat juuri ylittäneet Mooseksen uskolla jakaman Punaisen meren jalkaisin lähdettyään aikaisemmin Egyptistä. Israelilaisten usko oli vähäistä ja he alkoivat valittaa Moosekselle sillä he eivät löytäneet mitään juotavaa ylittäessään Suurin aavikkoa. Mooses "huusi Jumalaa" ja niin Maaran katkera vesi muuttui makeaksi.

4. Moos. 12. luku pitää sisällään kohtauksen jossa Mooseksen sisar, Miriam, sai spitaalin sen jälkeen kun hän oli puhunut Moosesta vastaan. Mooses huusi Jumalaa, sanoen: "Hyvä Jumala, paranna hänet, minä rukoilen!" ja Jumala paransi Miriamin tämän spitaalista.

1. Samuel 7:9 sanoo: *"Niin Samuel otti imevän karitsan ja uhrasi sen polttouhriksi, kokonaisuhriksi, Herralle; ja Samuel huusi Herraa Israelin puolesta, ja Herra kuuli häntä."*

1. Kun. 17 kertoo Sarpatin leskestä joka osoitti Jumalan palvelija Elialle vieraanvaraisuutta. Lesken pojan sairastuessa ja

kuollessa Elia huusi Jumalaa ja sanoi: *"Herra, minun Jumalani, anna tämän pojan sielun tulla häneen takaisin."* Jumala kuuli Elian äänen ja niin lapsen elämä palasi tähän ja hän virkosi taas henkiin (1. Kun. 17:21-22). Me näemme tästä että Jumala vastasi profeetan rukouksiin kun Jumala kuuli Elian äänen.

Myös suuren kalan nielaisema ja sen sisälle niskoittelunsa tähden joutunut Joona sai pelastuksen kun hän huusi Jumalaa rukouksessa. Joona 2:2 kertoo meille kuinka hän rukoili: *"Minä huusin ahdistuksessani Herraa, ja hän vastasi minulle. Tuonelan kohdussa minä huusin apua, ja sinä kuulit minun ääneni."* Jumala kuuli Joonan huudon ja pelasti hänet. Siitä huolimatta että tilanne missä me olemme voi olla hyvinkin vaikea niin kuin Joonan, Jumala antaa meille mitä meidän sydämemme kaipaa ja Hän vastaa meille ja antaa ongelmiimme ratkaisuja kun me kadumme vääriä tekojamme Hänen silmissään ja huudamme Häntä avuksemme.

Myös Uusi testamentti on täynnä kohtauksia joissa ihmiset huutavat Jumalaa.

Joh. 11.43-44 kertoo meille kuinka Jeesus huusi kovalla äänellä: *"Lasarus, tule ulos"*, jonka jälkeen tämä kuollut mies astui esiin kädet ja jalat yhä liinoihin käärittyinä ja kasvot kankaalla peitettynä. Kuolleelle Lasarukselle ei olisi ollut mitään väliä kutsuiko Jeesus häntä kovalla äänellä vai kuiskasiko hän vain hiljaa. Jeesus kuitenkin huusi Jumalaa kovalla äänellä. Jeesus toi neljä päivää haudassa olleen Lasaruksen takaisin henkiin rukouksensa avulla Jumalan tahdon mukaisesti, tuoden näin Jumalan kunniaa esiin.

Mark. 10:46-52 kertoo meille kuinka sokea kerjäläinen Bartimeus parantui.

Ja he tulivat Jerikoon. Ja kun hän vaelsi Jerikosta opetuslastensa ja suuren väkijoukon seuraamana, istui sokea kerjäläinen, Bartimeus, Timeuksen poika, tien vieressä. Ja kun hän kuuli, että se oli Jeesus Nasaretilainen, rupesi hän huutamaan ja sanomaan: "Jeesus, Daavidin poika, armahda minua." Ja monet nuhtelivat häntä saadakseen hänet vaikenemaan. Mutta hän huusi vielä enemmän: "Daavidin poika, armahda minua." Silloin Jeesus seisahtui ja sanoi: "Kutsukaa hänet tänne." Ja he kutsuivat sokean, sanoen hänelle: "Ole turvallisella mielellä, nouse; hän kutsuu sinua." Niin hän heitti vaippansa päältään, kavahti seisomaan ja tuli Jeesuksen tykö. Ja Jeesus puhutteli häntä sanoen: "Mitä tahdot, että minä sinulle tekisin?" Niin sokea sanoi hänelle: "Rabbuuni, että saisin näköni jälleen." Niin Jeesus sanoi hänelle: "Mene, sinun uskosi on sinut pelastanut." Ja kohta hän sai näkönsä ja seurasi häntä tiellä.

Apostolien teoissa 7:59-60 diakoni Stefanus huusi Herraa juuri kun hän oli kokemassa marttyyrin kuoleman ja sanoi: *"Herra Jeesus, ota minun henkeni!"* Pudoten sitten polvilleen hän huusi kovalla äänellä: *"Herra, älä lue heille syyksi tätä syntiä!"*

Ap. t. 4:23-24; 31 puolestaan sanovat näin: *"Ja päästyään vapaiksi he menivät omiensa tykö ja kertoivat kaiken, mitä ylipapit ja vanhimmat olivat heille sanoneet. Sen kuultuansa he yksimielisesti korottivat äänensä Jumalan puoleen ja sanoivat: 'Herra, sinä, joka olet tehnyt taivaan ja maan ja meren ja kaikki, mitä niissä on!' Ja kun he olivat rukoilleet, vapisi se paikka, jossa he olivat koolla, ja he tulivat kaikki Pyhällä Hengellä täytetyiksi ja puhuivat Jumalan sanaa rohkeasti."*

Huutaessasi Jumalaa sinusta voi tulla Jeesuksen Kristuksen uskollinen todistaja ja sinä voit tuoda esiin Pyhän Hengen voimaa.

Jumala käski meitä huutamaan Häntä paastotessamme. Me emme saa Jumalalta vastauksia jos me vietämme paastoaikamme väsymyksestä nukkuen. Jesajan luvussa 68:9 Jumala lupaa meille näin: *"Silloin sinä rukoilet, ja Herra vastaa, sinä huudat, ja hän sanoo: 'Katso, tässä minä olen.'"* Jumalan lupauksen mukaisesti armo ja voima laskeutuvat päällemme taivaasta ja me voimme olla voittoisia ja saada Jumalalta vastauksia jos me huudamme ääneen paastotessamme.

"Itsepintaisen lesken vertauskuvan" avulla Jeesus kysyi retorisesti: *"Eikö sitten Jumala toimittaisi oikeutta valituillensa, jotka häntä yötä päivää avuksi huutavat, ja viivyttäisikö hän heiltä apuansa?"*, ja Hän käski meitä huutamaan rukouksessa (Luukas 18:7).

Joten on aivan luonnollista että Jumalan lapset huutavat ääneen rukoillessaan, niin kuin Jeesus sanoo meille Matteuksen jakeessa 5:18: *"Sillä totisesti minä sanon teille: kunnes taivas ja maa katoavat, ei laista katoa pieninkään kirjain, ei ainoakaan piirto, ennenkuin kaikki on tapahtunut."* Tämä on Jumalan käsky. Hänen lakinsa sanoo että meidän tulee syödä työmme hedelmää, ja niin me voimme saada Häneltä vastauksia kun me huudamme Häntä.

Jotkut saattavat kysyä Matteuksen lukuihin 6:6-8 perustuen: "Pitääkö meidän huutaa Jumalaa vaikka Hän kuitenkin tietää jo mitä me tarvitsemme ennen kuin me edes pyydämme sitä?" tai "Miksi huutaa ääneen kun Jeesus käski meitä rukoilemaan salassa ovi suljettuna?" Raamatusta ei kuitenkaan mistään löydy kohtaa missä viitattaisiin siihen että ihmiset rukoilisivat salaa huoneidensa mukavuudessa.

Matteuksen 6:6-8 todellinen merkitys on että se kehottaa meitä rukoilemaan koko sydämellämme. Sinun tulee astua sisäiseen huoneeseesi ja sulkea ovi takanasi. Etkö sinä ole erossa kaikista ulkopuolisista tekijöistä jos sinä olet yksityisessä ja hiljaisessa huoneessa ovi suljettuna? Samalla tavalla me olemme erossa kaikesta ulkopuolisesta ajatuksissamme Jeesus kehottaa meitä Matteuksen jakeissa 6:6-8 eristämään itsemme kaikista ajatuksistamme, maailmallisista ajatuksistamme, huolistamme, levottomuuksistamme ja muusta vastaavasta ja rukoilemaan sydämellämme jatkuvasti.

Jeesus myös kertoi tämän tarinan opetukseksi ihmisille jotta he tietäisivät että Jumala ei kuuntele Hänen aikanaan kovaäänisesti rukoilevia ja muiden ylistyksiä kaipaavien fariseusten ja pappien rukouksia. Meidän ei pidä ylpistyä liikaa rukouksemme määrän tähden. Sen sijaan meidän tulee painia koko sydämellämme rukouksessa Häntä kohtaan joka tutkii meidän sydämemme ja mielemme, Kaikkivaltiasta kohtaan joka tietää kaikki tarpeemme ja tahtomme, Häntä, joka on "kaikki kaikessa."

On vaikeaa rukoilla koko sydämellä hiljaisen rukouksen kautta. Yritä rukoilla mietiskellen silmät suljettuina yöaikaan. Pian sinä taistelet väsymystä ja maailmallisia ajatuksia vastaan sen sijaan että sinä rukoilisit. Sinä nukahdat ennen kuin huomaatkaan kun sinä väsyt unen kanssa taistelemiseen.

Sen sijaan että Jeesus olisi rukoillut hiljaisessa huoneessa: *"Hän lähti vuorelle rukoilemaan; ja hän oli siellä kaiken yötä rukoillen Jumalaa"* (Luuk 6:12) ja *"Ja varhain aamulla, kun vielä oli pimeä, hän nousi, lähti ulos ja meni autioon paikkaan; ja siellä hän rukoili"* (Mark. 1:35). Profeetta Daniel avasi huoneensa ikkunat Jerusalemiin ja hän jatkoi kolme kertaa päivässä polvistumista, rukoillen ja kiittäen Jumalan edessä (Daniel 6:10). Pietari meni katolle rukoilemaan (Ap.t. 10:9), ja apostoli Paavali meni portin ulkopuolelle joen varrelle paikkaan missä hän kuvitteli rukouspaikan olevan, ja täällä hän rukoili asuessaan Filipossa (Ap.t. 16:13; 16). Nämä ihmiset pyhittivät tietyn paikan rukoukselle sillä he halusivat rukoilla koko sydämellään. Sinun tulee rukoilla niin että sinun rukouksesi voi läpäistä paholais-vihollisen, ilmojen kuningaskunnan hallitsijan, joukot ja tulla toimitetuksi valtaistuimen eteen. Vasta sitten sinä täytyt Pyhällä Hengellä, sinun kiusauksesi ajetaan pois ja sinä saat vastauksia kaikkiin isoihin ja pieniin ongelmiisi.

3) Rukouksellasi täytyy olla tarkoitus

Jotkut istuttavat puita saadakseen hyvää puuainesta. Toiset taas voivat istuttaa puita hedelmien toivossa. Jotkut voivat myös istuttaa puita luodakseen kauniin metsän puutarhaansa. Ilman mitään syytä puita istuttava henkilö voisi alkaa laiminlyömään puitaan ennen kuin ne ehtisivät edes versoa jos jokin muu työ vie hänen huomionsa.

Selvä tarkoitusperä saa meidät tekemään kaiken tekemämme määrätietoisemmin ja me saamme näin parempia tuloksia nopeammin. Ilman selvää tarkoitusta meidän tekomme eivät siedä pakosti edes yhtä pientä vastoinkäymistä sillä ilman selvää suuntaa epäilyt ja periksi antaminen hallitsevat mieltämme.

Meillä pitää olla selvä tarkoitus kun me rukoilemme Jumalan

edessä. Meille on luvattu että me saamme Jumalalta mitä tahansa me haluamme jos me olemme Hänen edessään varmoja (1. Joh. 3:21-22), ja me pystymme rukoilemaan vilpittömämmin ja suuremmalla periksiantamattomuudella kun meidän rukouksellamme on selvä tarkoitus. Kun Jumala näkee että meidän sydämessämme ei ole mitään mistä meitä tuomita, Hän antaa meille kaiken mitä me tarvitsemme. Meidän tulee aina pitää mielessä rukouksemme tarkoitus ja pystyä rukoilemaan tavalla joka miellyttää Jumalaa.

4) Sinun tulee rukoilla uskossa

Jokaisen uskon mitta vaihtelee henkilöstä henkilöön, ja niin ihmiset saavat Jumalalta vastauksia oman uskonsa mitan mukaisesti. Aluksi kun ihmiset ottavat Jeesuksen Kristuksen vastaan ja avaavat sydämensä he saavat Pyhän Hengen joka tulee heihin asumaan ja sinetöi heidät Jumalan lapsiksi. Tällöin he omaavat sinapinsiemenen kokoisen määrän uskoa.

Heidän uskonsa kasvaa kun he pyhittävät lepopäivän ja rukoilevat jatkuvasti sekä yrittävät pitää Jumalan käskyt ja elää Hänen Sanansa mukaan. Ennen kuin he seisovat uskon kalliolla he voivat kuitenkin kyseenalaistaa Jumalan voiman ja joskus lannistua kohdatessaan kiusauksia ja vaikeuksia. Saavutettuaan uskon kallion he eivät kuitenkaan lankea missään olosuhteissa vaan katsovat Jumalaan uskossa ja jatkavat rukoilemista. Jumala näkee tämän uskon ja Hän tekee kaikessa työtä Häntä rakastavien eteen.

Kasaten rukouksia rukousten päälle he taistelevat syntiä vastaan ja ovat Herramme kaltaisia taivaasta saamansa voiman avulla. He ymmärtävät Herraa ja noudattavat Hänen tahtoaan. Tämä on Jumalaa miellyttävää uskoa ja he saavat Häneltä mitä he ikinä pyytävät. Saavuttaessaan tämän uskon mitan ihmiset kokevat Markuksen jakeissa 16:17-18 annetun lupauksen. Kohta sanoo: *"Ja nämä merkit seuraavat niitä, jotka uskovat: minun nimessäni he ajavat ulos riivaajia, puhuvat uusilla kielillä, nostavat käsin käärmeitä, ja jos he juovat jotakin kuolettavaa, ei se heitä vahingoita; he panevat kätensä sairasten päälle, ja ne tulevat terveiksi."* Suuren uskon omaavat ihmiset saavat vastauksia uskonsa mukaan, ja niin myös vähäisen uskon omaavat ihmiset saavat vastauksensa tämän mukaan.

On olemassa "itsekeskeistä" uskoa joka voidaan saada omin voimin, sekä "Jumalan antamaa uskoa." "Itsekeskeinen" usko ei sovi yhteen henkilön tekojen kanssa mutta Jumalan antama usko on hengellistä uskoa joka on aina tekojen säestämää. Raamattu kertoo meille että usko on uskoa toivotusta (Hepr. 11:1), mutta "itsekeskeinen usko" ei ole selvää. Henkilö voi omata itsekeskeistä uskoa jolla halkaista Punainen meri tai liikuttaa vuoria mutta hänellä ei silti voi olla varmuutta Jumalan vastauksista.

Jumala antaa meille "elävää uskoa", joka on tekojen säestämää kun me oman uskomme mukaan noudatamme Jumalaa, näytämme uskomme tekojemme avulla ja rukoilemme. Näyttäessämme Hänelle jo omaamamme uskomme tämä usko yhdistyy Hänen antamaansa "elävään uskoon." Tästä tulee suurta uskoa jonka voimin me voimme saada Jumalalta vastauksia viipymättä. Ajoittain ihmiset kokevat kieltämätöntä varmuutta Jumalan vastauksista. Tämä on Jumalan heille antamaa uskoa ja on merkki siitä että ihmiset ovat jo saaneet vastauksia jos he omaavat tämänkaltaista uskoa.

Joten meidän tulee asettaa luottamuksemme lainkaan epäilemättä Jeesuksen Mark. 11:24 antamaan lupaukseen: *"Sentähden minä sanon teille: kaikki, mitä te rukoilette ja anotte, uskokaa saaneenne, niin se on teille tuleva."* Meidän pitää myös rukoilla kunnes me olemme varmoja Jumalan vastauksesta ja saada siten mitä ikinä me rukouksessa sitten pyydämme (Matteus 21:22).

5) Sinun tulee rukoilla rakkaudessa

Heprealaiskirje 11:6 sanoo näin: *"Mutta ilman uskoa on mahdoton olla otollinen; sillä sen, joka Jumalan tykö tulee, täytyy uskoa, että Jumala on ja että hän palkitsee ne, jotka häntä etsivät."* Rukoileminen ei olisi meille väsyttävää tai vaikeaa jos me uskoisimme että me saamme vastauksen kaikkiin rukouksiimme ja että ne kaikki varastoidaan taivaallisiksi palkkioiksi.

Jeesus rukoili ankarasti antaakseen ihmiskunnalle elämän ja samalla tavalla mekin voimme rukoilla vilpittömästi jos me rukoilemme rakkaudessamme muita sieluja kohtaan. Jos sinä voit rukoilla muita vilpittömästi rakastaen, se tarkoittaa sitä että sinä pystyt asettamaan itsesi heidän kenkiin ja näkemään heidän ongelmansa ominasi, rukoillen siten vilpittömästi yhä enemmän.

Kuvittele, esimerkiksi, että sinä rukoilet kirkkosi pyhätön rakentamisen puolesta. Sinun tulee rukoilla samanlaisella sydämellä kuin millä sinä rukoilisit oman talosi rakentamisen puolesta. Sinä anoisit yksityiskohtaisesti apua maan, työntekijöiden, materiaalien ja muiden vastaavien kanssa, ja samalla tavalla sinun tulee pyytää yksityiskohtaisesti jokaista apua jokaisen osan ja tekijän kanssa pyhätön suhteen. Rukoillessasi potilaan puolesta sinun pitää asettaa itsesi hänen kenkiinsä ja painia rukouksessa koko sydämelläsi niin kuin hänen kipunsa ja kärsimyksensä olisivat sinun omiasi.

Saavuttaakseen Jumalan tahdon Jeesus polvistui maahan ja kamppaili rukouksessa rakkaudessaan Jumalaa ja ihmiskuntaa kohtaan. Tämän johdosta tie pelastukseen avautui ja kuka tahansa Jeesuksen Kristuksen hyväksyvä henkilö voi nyt saada syntinsä anteeksi ja nauttia vallasta johon hän on Jumalan lapsena oikeutettu.

Jeesuksen rukoilutapaan sekä Jumalaa miellyttävän rukoilutavan perusteihin perustuen meidän täytyy tutkiskella sydämemme asennetta sekä rukoilla Jumalaa miellyttävällä asenteella ja sydämellä. Näin me voimme saada Häneltä kaiken mitä me Häneltä rukouksessa pyydämme.

Luku 4

Ettette joutuisi kiusaukseen

Ja hän tuli opetuslasten tykö
ja tapasi heidät nukkumasta ja sanoi Pietarille:
"Niin ette siis jaksaneet yhtä hetkeä valvoa minun kanssani!
Valvokaa ja rukoilkaa, ettette joutuisi kiusaukseen;
henki tosin on altis, mutta liha on heikko."

Matteus 26:40-41

1. Rukouselämä: Henkemme hengitystä

Jumala on elossa, ja Hän hallitsee ihmisten elämää ja kuolemaa, kirouksia ja siunauksia, rakkautta, oikeutta sekä hyvyyttä. Hän ei halua lastensa lankeavan kiusauksiin tai kohtaavan kärsimyksiä vaan Hän haluaa heidän elävän siunauksia täynnä olevaa elämää. Tämän tähden Hän lähetti maan päälle Pyhän Hengen ohjaamaan jotta Henki voisi auttaa Hänen lapsiaan voittamaan maailmaan, ajamaan paholais-vihollisen pois, elämään tervettä ja riemuisaa elämää ja tulemaan pelastetuksi.

Jeremian jakeissa 29:11-12 Jumala lupaa meille näin: *"Sillä minä tunnen ajatukseni, jotka minulla on teitä kohtaan, sanoo Herra: rauhan eikä turmion ajatukset; minä annan teille tulevaisuuden ja toivon. Silloin te huudatte minua avuksenne, tulette ja rukoilette minua, ja minä kuulen teitä."*

Meidän tulee rukoilla jos me haluamme elää tämän elämän rauhassa ja toivossa. Rukoillessamme jatkuvasti elämässämme Kristuksessa me emme tule kiusatuksi, meidän sielumme kukoistavat ja "mahdottomilta" tuntuneet asiat tulevat "mahdollisiksi." Kaikki meidän elämässämme sujuu hyvin ja me saamme nauttia hyvästä terveydestä. Paholais-vihollinen käy kuitenkin ympäriinsä kuin kiljuva jalopeura etsien seuraavaa uhria, ja niin me kohtaamme kiusauksia ja vaikeuksia jos me emme rukoile Jumalan lapsina.

Elämä päättyy jos me emme hengitä joka päivä, ja samalla tavalla rukouksen asemaa Jumalan lasten elämässä ei voida painottaa tarpeeksi. Tämän tähden Jumala kehottaa meitä rukoilemaan jatkuvasti (1. Tess. 5:17), muistuttaa meitä siitä että rukoilematta oleminen on synti (1. Samuel 12:23), ja opettaa meitä rukoilemaan niin että me välttyisimme kiusaukselta (Matteus 26:41).

Äskettäin Jeesuksen Kristuksen elämäänsä hyväksyneet tuoreet kristityt voivat pitää rukoilua vaikeana sen tähden että he eivät osaa rukoilla kunnolla. Meidän kuollut sielumme syntyy uudestaan kun otamme Jeesuksen Kristuksen vastaan ja saamme Pyhän Hengen. Tämä hengellinen tila vastaa pientä lasta; rukoileminen on vaikeaa.

Heidän henkensä kuitenkin vahvistuvat ja heidän rukouksistaan tulee voimakkaampia jos he eivät anna periksi rukouksen ja Jumalan Sanasta leivän tekemisen suhteen. Ihmiset eivät voi elää ilman hengittämistä ja samalla tavalla he ymmärtävät että he eivät voi elää ilman rukousta.

Minun lapsuudessani oli lapsia jotka kilpailivat toisiaan vastaan nähdäkseen kuka pystyi pidättämään hengitystään kaikista kauimmin aikaa. Kaksi lasta asettui vastatusten ja vetivät syvään henkeä. Kun kolmas lapsi sanoi "Valmista", nämä kaksi lasta hengittivät sisään niin syvään kuin mahdollista. Kun "tuomari" huusi "Alkaa", nämä kaksi lasta alkoivat pidättää henkeään päättäväisin ilmein.

Alussa hengen pidättäminen ei ole kovin vaikeaa. Ajan kuluessa lapsia alkaa kuitenkin tukahduttaa samalla kun heidän kasvonsa alkavat muuttua punaiseksi. Lopulta he eivät enää pysty pidättämään henkeään ja heidän on pakko vetää henkeä. Kukaan ei voi elää jos hengittäminen loppuu.

Sama pätee myös rukoukseen. Hengellinen henkilö ei huomaa aluksi mitään eroa jos hän lakkaa rukoilemasta. Ajan kuluessa hänen sydämensä alkaa kuitenkin lannistua ja saastua. Jos me voisimme nähdä hänen henkensä paljailla silmillämme, me voisimme nähdä kuinka hänen henkensä olisi melkein tukehtumaisillaan. Hän voi palata normaaliin elämään Kristuksessa jos hän ymmärtää että tämä kaikki johtuu siitä että hän on lakannut rukoilemasta ja sitten jatkaa rukouksen elämäänsä. Hänen sydämensä on kuitenkin yhä kurjempi ja levottomampi jos hän jatkaa elämistä synnissä eikä rukoile, ja niin hän joutuu kokemaan kuinka usea hänen elämänsä osa-alue menee pieleen.

"Tauon ottaminen" rukoilemisesta ei ole Jumalan tahtoa. Me haukomme henkeämme kunnes meidän hengityksemme palaa normaaliksi, ja samalla tavalla aikaisempaan rukouselämään palaaminen on vaikeaa ja aikaa vievää. Mitä pidempi "tauko" on ollut, sitä kauemmin rukouselämän elpyminen kestää.

Ihmiset jotka ovat ymmärtäneet rukoilun olevan heidän henkensä hengittämistä eivät pidä sitä työläänä. Sen sijaan että he pitäisivät rukoilua työläänä tai vaikeana he muuttuvat yhä rauhallisemmaksi, täyttyvät toivolla ja tulevat yhä riemuitsevaisemmaksi elämässä jos he ovat rukoilleet säännöllisesti samalla tavalla kuin he ovat hengittäneet sisään ja ulos. Tämä johtuu siitä että he saavat Jumalalta vastauksia ja he tuottavat Hänelle kunniaa sen mukaan kuinka paljon he rukoilevat.

2. Syitä miksi kiusaukset kohtaavat ihmisiä jotka eivät rukoile

Jeesus näytti meille esimerkkiä siitä kuinka rukoilla ja käski opetuslapsiaan pysymään hereillä ja rukoilemaan jotta he eivät lankeaisi kiusaukseen (Matteus 26:41). Tämä tarkoittaa myös sitä, että me tulemme luultavasti antamaan periksi kiusaukselle jos me emme rukoile jatkuvasti. Miksi kiusaukset sitten kohtaavat ihmisiä jotka eivät rukoile?

Jumala loi Aatamin, ensimmäisen ihmisen, teki hänestä elävän olennon ja salli hänen kommunikoida Jumalan kanssa, joka on Henki. Aatamin henki kuoli sen jälkeen kun hän oli niskoitellut Jumalaa vastaan ja syönyt hyvän- ja pahantiedon puusta. Tämä myös katkaisi hänen kommunikointiyhteytensä Jumalaan ja hänet ajettiin ulos Eedenin puutarhasta. Ilmojen hallitsija, paholais-vihollisen, otti hallintaansa ihmisen joka ei pystynyt enää kommunikoimaan Hengen kanssa ja niin ihminen juuttui enemmän ja enemmän syntiin.

Synnin palkka on kuolema (Room. 6:23) ja niin Hän paljasti koko kuolemaan matkalla olevan ihmiskunnan pelastuksen suunnitelmansa Jeesuksen Kristuksen kautta. Jumala sinetöi lapsekseen kenet tahansa joka ottaa Jeesuksen vastaan Pelastajakseen, tunnustaa olevansa syntinen sekä katuu. Merkiksi tästä Jumala antaa hänelle Pyhän Hengen.

Pyhä Henki on Jumalan maailmaan lähettämä avustaja joka herättää meidät syntiin vanhurskauteen ja tuomioon (Joh. 16:8), ja se huokaa meissä sanoinkuvaamattomalla tavalla (Room. 8:26) ja antaa meille mahdollisuuden maailman voittamiseen.

Henkilö ei voi tulla Pyhän Hengen täyttämäksi tai saada Hengen opastusta ilman rukoilemista. Pyhä Henki puhuu meille, koskettaa meidän sydämiämme, varoittaa meitä tulevista kiusauksista, neuvoo meitä kuinka välttää niitä ja auttaa meitä voittamaan kohtaamamme kiusaukset ainoastaan silloin kun me rukoilemme.

Ilman rukoilua meillä ei ole mitään keinoa erottaa Jumalan tahtoa ihmisen tahdosta. Maailmallisten himojen riivaamina ihmiset joilla ei ole rukoilurutiinia elävät vanhojen tapojensa mukaisesti ja toimivat tavalla mikä on heidän itsensä mielestä hyvin. Näin he kokevat kiusauksia ja kärsimyksiä kohdatessaan kaikenlaisia vaikeuksia.

Jaak. 1:13-15 sanoo: *"Älköön kukaan, kiusauksessa ollessaan, sanoko: 'Jumala minua kiusaa'; sillä Jumala ei ole pahan kiusattavissa, eikä hän ketään kiusaa. Vaan jokaista kiusaa hänen oma himonsa, joka häntä vetää ja houkuttelee; kun sitten himo on tullut raskaaksi, synnyttää se synnin, mutta kun synti on täytetty, synnyttää se kuoleman."*

Toisin sanoen, kiusaukset kohtaavat ihmisiä jotka eivät rukoile, sillä he eivät pysty erottamaan omaan tahtoaan Jumalan tahdosta ja näin he tulevat maailmallisten himojensa kiusaamaksi ja kokevat vaikeuksia sillä he eivät pysty voittamaan näitä kiusauksia. Jumala haluaa että kaikki Hänen lapsensa oppisivat olemaan tyytyväisiä olosuhteisiinsa, olivat ne sitten minkälaisia tahansa, että he oppisivat ymmärtämään mitä on tarpeessa oleminen ja mitä on yltäkylläisyys, että he oppisivat olemaan tyytyväisiä kaikissa tilanteissa, olivat he sitten yltäkylläisiä tai nälkäisiä ja elivät he sitten puutteessa tai yltäkylläisyydessä (Fil. 4:11-12).

Maailmalliset himot siittävät ja synnyttävät kuitenkin syntiä minkä palkka on kuolema, ja niin Jumala ei voi suojella ihmisiä jotka tekevät jatkuvasti syntiä. Paholais-vihollinen tuottaa heille kiusauksia ja kärsimyksiä sen mukaan kuinka paljon he ovat tehneet syntiä. Osa kiusauksiin langenneista ihmisistä saavat Jumalan pettymään väittämällä että Hän on jättänyt heidän kiusauksiin ja työntänyt heidät kärsimyksiin. Tämä on kuitenkin kaunan kantamista Jumalaa vastaan ja tämänkaltaiset henkilöt eivät pysty voittamaan kiusauksia eivätkä he jätä Jumalalle tilaa tehdä hyvää.

Joten Jumala käskee meitä tuhoamaan Jumalan tietoutta vastaan nousevan epäilyn tai vastustuksen sekä alistamaan kaikki ajatuksemme kuuliaisuudelle Kristusta kohtaan (2. Kor. 10:5). Hän muistuttaa meitä Roomalaiskirjeen jakeissa 8:6-7 näin: *"Sillä lihan mieli on kuolema, mutta hengen mieli on elämä ja rauha; sentähden että lihan mieli on vihollisuus Jumalaa vastaan, sillä se ei alistu Jumalan lain alle, eikä se voikaan"* (Room. 8:6-7).

Suurin osa kaikesta siitä minkä me olemme oppineen ja säilöneet "hyvänä" ennen Jumalan kohtaamista osoittautuu kirkkauden edessä vääräksi. Joten me voimme seurata Jumalan tahtoa täysin vasta sitten kun me olemme tuhonneet kaikki lihalliset ajatukset ja teoriat. Meidän myös täytyy rukoilla jos me haluamme tuhota vastaväitteet ja tekosyyt ja noudattaa totuutta.

Ajoittain rakkauden Jumala kaitsee rakkaita lapsiaan niin että he eivät joutuisi tuhon polulle ja Hän sallii heidän kohtaavan kiusauksia jotta he voisivat katua ja kääntyä tieltään pois. Ihmiset tutkiskelevat itseään ja katuvat kaikkea heissä olevaa mikä on Jumalan silmissä epäsopivaa, jatkavat rukoilemista, pitävät katseensa Hänessä joka toimii kaikessa Häntä rakastavien hyväksi sekä iloitsevat aina kaikissa. Tällöin Jumala näkee heidän uskonsa ja vastaa heille varmasti.

3. Henki on altis mutta liha on heikko

Ristiinnaulitsemista edeltävänä yönä Jeesus meni opetuslapsineen Getsemane-nimiseen paikkaan missä Hän rukoili voimallisesti. Löytäessään opetuslapsensa nukkumasta Jeesus suri ja sanoi: *"Valvokaa ja rukoilkaa, ettette joutuisi kiusaukseen; henki tosin on altis, mutta liha on heikko"* (Matteus 26:41).

Raamattu käyttää sellaisia termejä kuin "liha", "lihallinen asua" ja "lihan teko." "Liha" on "hengen" vastakohta ja se viittaa yleisesti kaikkeen korruptoituneeseen ja muuttuvaiseen. Se viittaa kaikenlaisiin luotuihin asioihin, ihminen mukaan lukien ennen kuin tämä on muuttunut totuuden tähden, sekä kasveihin, eläimiin ja muihin vastaaviin. "Henki" taas toisaalta viittaa ikuisiin, totuuden mukaisiin ja muuttumattomiin asioihin.

Aatamin niskoittelusta lähtien kaikki miehet ja naiset ovat syntyneet perien syntisen luonteen. Tämä on perisynti. "Itse tehdyt synnit" ovat epätotuuden mukaisia tekoja jotka on tehty paholais-vihollisen yllytyksestä. Ihmisestä tulee "lihallinen" kun epätotuus on tahrannut hänen kehonsa ja tämä keho yhtyy syntiseen luonteeseen. Tästä Roomalaiskirje 9:8 puhuu kun se mainitsee "lihan lapset." Jae sanoo: *"Se on: eivät ne, jotka lihan puolesta ovat lapsia, ole Jumalan lapsia, vaan lupauksen lapset, ne luetaan siemeneksi."* Roomalaiskirje 13:14 varoittaa meitä näin: *"Vaan pukekaa päällenne Herra Jeesus Kristus,*

älkääkä niin pitäkö lihastanne huolta, että himot heräävät."
"Lihalliset asiat" ovat sellaisia erilaisia syntisiä piirteitä kuin esimerkiksi petollisuus, kateus, mustasukkaisuus ja viha (Room. 8:5-8). Ne eivät ole vielä tulleet esiin teoissa mutta näin saattaa kuitenkin vielä käydä. Kun nämä himot tulevat esiin teoissa, näitä tekoja kutsutaan *"lihan teoiksi"* (Gal. 5:19-21).

Mitä Jeesus tarkoitti kun Hän sanoi että "liha on heikko?" Viittasiko Hän opetuslastensa fyysiseen tilaan? Pietari, Jaakob ja Johannes olivat entisiä kalastajia ja siten he olivat terveyden ja elämänhalun huipulla. He olivat viettäneet useita öitä hereillä kalastaessaan, ja niin muutaman tunnin hereillä pysyttelemisen ei olisi pitänyt olla heille kovin vaikeaa. Nämä kolme opetuslasta eivät kuitenkaan pystyneet rukoilemaan vaan he nukahtivat jopa sen jälkeen kun Jeesus oli sanonut heille että heidän piti pysyä Hänen luonaan ja pysyä Hänen kanssaan hereillä. He menivät ehkä Getsemaneen rukoillakseen Jeesuksen kanssa mutta tämä halu asui ainoastaan heidän sydämissään. Kun Jeesus sanoi että heidän lihansa oli "heikko", Hän tarkoitti että eivät pystyneet torjumaan heissä olevaa lihan himoa joka kutsui heitä nukkumaan ja lepäämään.

Eräs Jeesuksen rakkaimmista opetuslapsista, Pietari, ei pystynyt rukoilemaan sillä hänen lihansa oli heikko siitä huolimatta että hänen henkensä oli altis. Hän kielsi kolme kertaa tuntevansa Jeesuksen sen jälkeen kun Hänet oli otettu kiinni ja Pietarinkin henki oli vaarassa. Tämä tapahtui ennen

Jeesuksen ylösnousemusta ja taivaaseen astumista, ja Pietari oli syvän pelon vallassa sillä hän ei ollut vielä saanut Pyhää Henkeä osakseen. Saatuaan kuitenkin Pyhän Hengen päälleen Pietari virvoitti kuolleita eloon, teki useita ihmeellisiä merkkejä ja ihmeitä, sekä tuli niin rohkeaksi että hänet ristiinnaulittiin pää alaspäin. Pietarissa ei näkynyt heikkouden merkkejä kun hänestä tuli Jumalan voimien rohkea apostoli joka ei pelännyt edes kuolemaa. Tämä oli mahdollista sen tähden että Jeesus vuodatti kallisarvoisen, viattoman ja nuhteettoman verensä ja vapautti meidät heikkouksista, köyhyydestä sekä heikkoudesta. Eläessämme uskossa Jumalan Sanaa noudattaen me saamme nauttia hyvästä terveydestä niin ruumiillisesti kuin hengellisestikin, ja me voimme tehdä asioita jotka ovat ihmisvoimille mahdottomia. Näin kaikki on meille mahdollista.

Joskus syntiä tehtyään ihmiset eivät kadu niitä vaan sen sijaan sanovat vain äkkiä, että liha on heikkoa ja pitävät siten synnin tekemistä luonnollisena. Nämä ihmiset puhuvat tällä sen takia että he eivät ole tietoisia totuudesta. Kuvittele, että isä antaa pojalleen 1000 dollaria. Kuinka naurettavaa olisikaan, jos poika laittaisi nämä rahat taskuunsa, ja sitten sanoisi isälleen: "Minulla ei ole yhtään rahaa, ei penniäkään"? Kuinka turhauttavaa isälle olisikaan jos poika, jonka taskussa on 1000 dollaria, näännyttäisi itsensä ostamatta lainkaan ruokaa? Joten meille, jotka olemme saaneet Pyhän Hengen osaksemme on täysin mahdotonta sanoa, että "liha on heikkoa."

Olen nähnyt kuinka moni ihminen, joka ennen meni sänkyyn kymmenen aikaan ottaa nyt osaa perjantaisin koko yön jumalanpalveluksiin sen jälkeen kun he ovat rukoilleet ja saaneet apua Pyhältä Hengeltä. He eivät väsy tai tule uneliaaksi, ja he antavat jokaisen perjantaiyön Jumalalle Pyhän Hengen täyteydessä. Tämä johtuu siitä että Pyhän Hengen täyteydessä ihmisen hengelliset silmät terävöityvät, heidän sydämensä ovat ilosta ylitsevuotavia, heidän kehonsa ovat kevyempiä eivätkä he tunne väsymystä.

Me elämme Pyhän Hengen aikakautta, ja tämän tähden meidän ei pidä koskaan olla rukoilematta tai tehdä syntiä sen tähden että "liha olisi heikkoa." Tämän sijaan meidän tulee pysytellä hereillä ja rukoilla jatkuvasti, saaden tämän avulla Pyhän Hengen apua. Meidän pitää heittää pois kaikki lihan asiat ja teot ja elää innokkaasti kristillistä elämää eläen aina sen mukaan mitä Jumala meiltä tahtoo.

4. Siunaukset ihmisille jotka valvovat ja rukoilevat

1. Piet. 5:8-9 sanoo: *"Olkaa raittiit, valvokaa. Teidän vastustajanne, perkele, käy ympäri niinkuin kiljuva jalopeura, etsien, kenen hän saisi niellä. Vastustakaa häntä lujina uskossa, tietäen, että samat kärsimykset täytyy teidän veljiennekin maailmassa kestää."* Saatana-vihollinen ja paholainen, ilmojen kuningaskunnan hallitsija, yrittävät

houkutella Jumalaan uskovat harhaantumaan ja ne yrittävät kaikissa tilanteissa estää Hänen kansaansa omaamasta uskoa. Puun kaatamista yrittävä yrittäisi ensin ravistaa sitä. Hän antaa periksi ja menee ravistamaan seuraavaa puuta jos puun runko on suuri ja paksu ja sen juuret ovat liian syvällä maan sisällä. Jos toinen puu vaikuttaa siltä että se kaatuu helpommin hän tulee yhä päättäväisemmäksi ja ravistaa puuta yhä ankarammin. Samalla tavalla paholais-vihollinen yrittää viekoitella meitä ja me voimme ajaa sen pois jos me pysyttelemme vahvana. Paholainen kuitenkin jatkaa meidän kiusaamistamme lyödäkseen meidät maahan jos me horjumme edes vähän.

Meidän tulee kamppailla rukouksessa ja saada Jumalan antamaa voimaa ja vahvuutta taivaasta voidaksemme huomata ja tuhota paholaisen juonet ja kävellä kirkkaudessa jumalan Sanan mukaisesti elämällä. Jumalan ainoa Poika, Jeesus, saattoi täyttää Jumalan tahdon rukouksen voimalla. Jeesus valmistautui ennen julkisen työnsä aloittamista paastoamalla 40 päivän ja yön ajan, ja kolmevuotisen työnsä aikana Hän teki useita ihmeellisiä Jumalan voiman tekoja rukoilemalla usein ja jatkuvasti. Hänen julkisen työnsä lopussa Jeesus pystyi tuhoamaan kuoleman vallan ja olemaan voittoisa ylösnousemuksen kautta sen ansiosta että Hän oli kamppaillut rukouksessa Getsemanessa. Tämän tähden Herra kehotti meitä näin: *"Olkaa kestäväiset rukouksessa ja siinä kiittäen valvokaa"* (Kol. 4:2) ja *"Mutta kaiken loppu on lähellä. Sentähden olkaa maltilliset ja raittiit rukoilemaan"* (1. Piet. 4:7). Hän myös opetti meidät rukoilemaan: *"Äläkä saata meitä kiusaukseen, vaan päästä meidät pahasta"* (Matteus 6:13). On erittäin tärkeää että me estämme itseämme lankeamasta kiusaukseen. Kiusaukseen lankeaminen ja sille periksi antaminen tarkoittaa että sinä et ole voittanut sitä vaan väsynyt ja taantunut uskossasi. Tämä ei miellytä Jumalaa.

Pysytellessämme valppaana ja rukoillessamme Pyhä Henki opettaa meille kuinka kulkea oikealla polulla ja me taistelemme syntejämme vastaan ja heitämme ne pois. Meidän sydämemme ovat sitä enemmän Herran sydäntä muistuttavia mitä enemmän meidän sielumme kukoistaa. Niin kaikki meidän elämässämme sujuu hyvin ja me saamme hyvän terveyden siunauksen.

Rukous on avain siihen että kaikki meidän elämässämme sujuu hyvin ja että me saamme terveen sielun ja ruumiin siunauksia. 1. Joh. 5:18 lupaa meille: *"Me tiedämme, ettei yksikään Jumalasta syntynyt tee syntiä; vaan Jumalasta syntynyt pitää itsestänsä vaarin, eikä häneen ryhdy se paha."* Tämän tähden meidän tulee pysytellä valppaana, rukoilla ja kulkea kirkkaudessa niin että me olemme turvassa paholaisviholliselta. Vaikka me tällöin lankeaisimmekin kiusaukseen Jumala tulee näyttämään meille kuinka paeta niitä ja Hän tekee kaikissa asioissa työtä Häntä rakastavien puolesta.

Jumala käski meitä rukoilemaan jatkuvasti, ja tämän tähden meidän täytyy tulla Hänen siunatuksi lapsikseen pysyttelemällä valppaana, ajamalla paholais-vihollinen pois ja ottamalla vastaan kaiken minkä Jumala on meidän siunaukseksemme tarkoittanut. 1. Tes. 5:23 sanoo: *"Mutta itse rauhan Jumala pyhittäköön teidät kokonansa, ja säilyköön koko teidän henkenne ja sielunne ja ruumiinne nuhteettomana meidän Herramme Jeesuksen Kristuksen tulemukseen."*

Minä rukoilen Herran Jeesuksen Kristuksen nimessä, että kaikki te saisitte osaksenne Pyhän Hengen avun pysymällä valppaana ja rukoilemalla usein, ja että te saisitte nuhteettoman ja viattoman Jumalan lapsen sydämen heittämällä itsestänne pois kaikenlaiset syntiset asiat ja ympärileikkaamalla sydämenne. Minä myös rukoilen että te nauttisitte voimasta Hänen lapsenaan jonka sielu kukoistaa ja jonka elämässä kaikki on menestyksekästä, ja että te saisitte hyvän terveyden siunauksen ja tuottaisitte Jumalalle kunniaa kaikessa mitä te teette!

Luku 5

Vanhurskaan rukous

Vanhurskaan rukous voi paljon,
kun se on harras Elias oli ihminen,
yhtä vajavainen kuin mekin,
ja hän rukoili rukoilemalla, ettei sataisi;
eikä satanut maan päällä kolmeen vuoteen
ja kuuteen kuukauteen.
Ja hän rukoili uudestaan, ja taivas antoi sateen,
ja maa kasvoi hedelmänsä.

Jaak. 5:16-18

1. Sairaita parantavat uskon rukoukset

Tarkistellessamme elämiämme me näemme että on aikoja jolloin me olemme rukoilleet kärsimysten keskellä ja aikoja jolloin me olemme iloinneet Jumalan vastauksista. Me olemme rukoilleet muiden kanssa jotta meidän rakkaimpamme parantuisivat ja ajoittain ylistäneet Jumalaa sen jälkeen kun me olemme saavuttaneet rukouksellamme jotakin mikä on ihmisille täysin mahdotonta.

Heprealaiskirjeen 11. luvusta löytyy useita viittauksia uskoon. Jakeessa 1 meitä muistutetaan seuraavasti: *"Mutta usko on luja luottamus siihen, mitä toivotaan, ojentautuminen sen mukaan, mikä ei näy"*, kun taas *"Mutta ilman uskoa on mahdoton olla otollinen; sillä sen, joka Jumalan tykö tulee, täytyy uskoa, että Jumala on ja että hän palkitsee ne, jotka häntä etsivät"* (jae 6).

Usko voidaan jakaa "lihalliseen uskoon" ja "hengelliseen uskoon." Lihallisella uskolla me voimme uskoa Jumalan Sanaan ainoastaan kun tämä Sana täsmää meidän omien ajatustemme kanssa. Tämä lihallinen usko ei muuta meidän elämäämme millään tavalla. Hengellisellä uskolla me taas voimme uskoa elävän Jumalan voimaan ja Hänen Sanaansa niin kuin se on siitä huolimatta että se ei ehkä sovi yhteen meidän omien ajatustemme tai teorioidemme kanssa. Me uskomme tyhjästä asioita luovan Jumalan tekoihin ja samalla me koemme kuinka asiat muuttuvat elämässämme ja me näemme Hänen ihmeellisiä merkkejä ja ihmeitä. Näin me voimme uskoa että kaikki on todellakin mahdollista niille jotka uskovat.

Tämän tähden Jeesus sanoi meille: *"Ja nämä merkit seuraavat niitä, jotka uskovat: minun nimessäni he ajavat ulos riivaajia, puhuvat uusilla kielillä, nostavat käsin käärmeitä, ja jos he juovat jotakin kuolettavaa, ei se heitä vahingoita; he panevat kätensä sairasten päälle, ja ne tulevat terveiksi"* (Mark. 16:17-18). *"Kaikki on mahdollista sille, joka uskoo"* (Mark. 9:23), ja että: *"Sentähden minä sanon teille: kaikki, mitä te rukoilette ja anotte, uskokaa saaneenne, niin se on teille tuleva"* (Mark.11:24).

Kuinka me voimme omata hengellistä uskoa ja kokea Jumalan voiman suuria tekoja henkilökohtaisesti? Yli kaiken, meidän pitää muistaa mitä apostoli Paavali sanoi jakeessa 2. Kor. 10:5: *"Me hajotamme maahan järjen päätelmät ja jokaisen varustuksen, joka nostetaan Jumalan tuntemista vastaan, ja vangitsemme jokaisen ajatuksen kuuliaiseksi Kristukselle."* Meidän ei tule enää pitää totena sitä tietoutta minkä me olemme tähän mennessä keränneet. Tämän sijaan meidän pitää murtaa jokainen ajatus ja teoria mikä on Jumalan Sanan vastaista, alistaa itsemme Jumalan totuuden sanalla ja elää sen mukaisesti. Mitä enemmän me tuhoamme lihallisia ajatuksia ja heitämme itsestämme pois epätotuuksia, sitä enemmän meidän sielumme tulee kukoistamaan ja me saamme omata hengellistä uskoa jonka avulla me voimme uskoa.

Hengellinen usko on Jumalan meille jokaiselle antaman uskon mitta (Room. 12:3). Aluksi meidän uskomme on pienen sinapinsiemenen kokoista kun me olemme vastaanottaneet meille saarnatun evankeliumin ja ottaneet Jeesuksen Kristuksen vastaan elämäämme. Me muutumme vanhurskaammaksi kun me käymme tunnollisesti jumalanpalveluksissa, kuuntelemme Jumalan Sanaa ja elämme sen mukaisesti. Myös uskovia seuraavat merkit seuraavat meitä meidän uskomme kasvaessa suureksi uskoksi.

Rukoilijan hengellisen uskon täytyy sisältyä hänen rukoukseensa kun hän rukoilee sairaiden puolesta. Sadanpäämiehen palvelija oli halvaantunut ja suurten kipujen kourissa Matteuksen 8. kirjassa. Tällä sadanpäämiehellä oli uskoa ja hän uskoi että hänen palvelijansa parantuisi jos Jeesus vain sanoisi yhden sanan, niin kuin myös sitten kävikin (Matteus 8:5-13).

Meidän tulee myös olla rohkeita uskossamme ja olla epäilemättä kun me rukoilemme sairaiden puolesta, sillä Jumalan Sana sanoo meille: *"Mutta anokoon uskossa, ollenkaan epäilemättä; sillä joka epäilee, on meren aallon kaltainen, jota tuuli ajaa ja heittelee. Älköön sellainen ihminen luulko Herralta mitään saavansa"* (Jaak. 1:6-7).

Jumala on mielissään uskosta joka kasvaa tasaisesti vahvemmaksi ilman että se heiluu edestakaisin. Hän tekee yhä enemmän työtä kun me yhdymme rakkaudessa ja rukoilemme sairaiden puolesta uskossa, sillä synti on synnin tulosta ja Jumala on Herra, meidän Parantajamme (Exodus 15:26). Tunnustaessamme syntimme toisilleen ja rukoillessamme toistemme puolesta Jumala antaa meille anteeksiantoa ja parannusta.

Rukoillessasi hengellisessä uskossa hengellisellä rakkaudella sinä saat kokea Jumalan ihmeellisiä tekoja, todistaa Hänen rakkauttaan ja tuottaa Hänelle kunniaa.

2. Vanhurskaan ihmisen rukous on voimallista ja toimivaa

The Merriam-Webster Dictionary-sanakirjan mukaan vanhurskas henkilö "jumalallisen tai moraalisen lain mukaisesti; on vapaa syyllisyydestä tai synnistä." Roomalaiskirje 3:10 kuitenkin sanoo: *"Ei ole ketään vanhurskasta, ei ainoatakaan"*, ja Jumala sanoo: *"Sillä eivät lain kuulijat ole vanhurskaita Jumalan edessä, vaan lain noudattajat vanhurskautetaan"* (Room. 2:13), ja *"Ettei mikään liha tule hänen edessään vanhurskaaksi lain teoista; sillä lain kautta tulee synnin tunto"* (Room. 3:20).

Synti saapui tähän maailmaan Aatamin, ensimmäisen ihmisen, niskoittelun tähden, ja tämän tähden lukemattomat ihmiset ovat joutuneet tuomion tielle yhden ainoan ihmisen synnin tähden (Room. 5:12;18). Lain lisäksi tälle syntiselle ihmiskunnalle on näytetty Jumalan vanhurskaus, ja Hänen vanhurskautensa tulee kaikille jotka Häneen uskovat Jeesukseen Kristukseen uskomisen kautta (Room. 3:21-23).

Tämän maailman "vanhurskaus" vaihtelee jokaisen sukupolven arvojen mukaan, eikä se siten voi olla vanhurskauden mittapuuna. Jumala ei kuitenkaan koskaan muutu, ja niin Hänen vanhurskautensa voi toimia todellisen vanhurskauden mittapuuna.

Roomalaiskirje 3:28 sanoo: *"Niin päätämme siis, että ihminen vanhurskautetaan uskon kautta, ilman lain tekoja."* Me emme kuitenkaan tee lakia mitättömäksi uskomme kautta vaan sen sijaan vahvistamme sen (Room. 3:31).

Tullessamme lain kautta vanhurskautetuiksi meidän tulee kantaa pyhyyteen saapumisen hedelmää tulemalla vapautetuksi synnistä ja tulemalla Jumalan orjaksi. Meidän tulee yrittää olla todella vanhurskaita heittämällä pois kaikenlaiset Jumalan Sanaa rikkovat epätotuudet ja elämällä Hänen Sanansa, eli itse totuuden, mukaisesti.

Jumala julistaa "vanhurskaiksi" sellaiset ihmiset joiden usko on tekojen sävyttämää ja jotka kamppailevat elääkseen Hänen Sanansa mukaan päivin ja öin ja tuovat Hänen työnsä esiin rukoustensa vastauksissa. Kuinka Jumala voisi vastata sellaisen ihmisen rukoukseen joka käy kyllä kirkossa mutta on rakentanut synnin muurin itsensä ja Jumalan väliin niskoittelemalla vanhempiaan vastaan, riitelemällä veljiensä kanssa ja tekemällä vääryyksiä?

Jumala tekee vanhurskaan ihmisen rukouksesta – Jumalan Sanaa ja sen mukaan eläneen henkilön joka kantaa mukanaan todisteita Jumalan rakkaudesta – voimallisen ja tehokkaan antamalla hänelle rukouksen voimaa.

Luukaksen jakeet 18:1-18 kertovat kärsivällisestä leskestä. Se kertoo kuinka tämä leski vei asian tuomarin eteen joka ei pelännyt Jumalaa tai kunnioittanut ihmisiä. Siitä huolimatta että tämä tuomari ei pelännyt Jumalaa tai välittänyt ihmisistä hän silti lopulta auttoi tätä leskeä. Tuomari sanoi itselleen: *"Eikö sitten Jumala toimittaisi oikeutta valituillensa, jotka häntä yötä päivää avuksi huutavat, ja viivyttäisikö hän heiltä apuansa? Minä sanon teille: hän toimittaa heille oikeuden pian. Kuitenkin, kun Ihmisen Poika tulee, löytäneekö hän uskoa maan päältä?"* (Luukas 18:7-8)

Me voimme kuitenkin nähdä ympärillämme ihmisiä jotka tunnustavat olevansa Jumalan lapsia jotka rukoilevat öin ja päivin ja paastoavat jatkuvasti saamatta kuitenkaan vastauksia. Tämänkaltaisten ihmisten tulee ymmärtää että heistä ei ole tullut vielä vanhurskaita Jumalan edessä.

Filippiläiskirje 4:6-7 sanoo: *"Älkää mistään murehtiko, vaan kaikessa saattakaa pyyntönne rukouksella ja anomisella kiitoksen kanssa Jumalalle tiettäväksi, ja Jumalan rauha, joka on kaikkea ymmärrystä ylempi, on varjeleva teidän sydämenne ja ajatuksenne Kristuksessa Jeesuksessa."* Se, kuinka paljon henkilö saa Jumalalta vastauksia riippuu siitä kuinka "vanhurskas" hän Jumalan silmissä on ja kuinka paljoon hän rukoilee uskossa ja rakkaudella. Hän saa Jumalalta vastauksia nopeasti ja tuottaa Hänelle kunniaa kun hän rukoilee vanhurskauden vaatimukset täytettyään. Tämän tähden on erittäin tärkeää että ihmiset repivät heidän ja Jumalan välissä seisovan synnin muurin alas, täyttävät "vanhurskaaksi" Jumalan silmissä julistamiseksi tarvittavat piirteet ja rukoilevat vilpittömästi uskossa ja rakkaudella.

3. Lahja ja voima

"Lahjat" ovat Jumalan vapaasti antamia lahjoja jotka viittaavat Jumalan rakkaudessaan tekemään erikoistyöhön. Mitä enemmän henkilö rukoilee, sitä enemmän hän haluaa ja pyytää Jumalan lahjoja. Ajoittain hän voi kuitenkin pyytää Jumalalta lahjaa petollisin mielin. Tämä ei ole oikein Jumalan silmissä ja henkilö tuo näin itselleen vain tuhoa. Näin meidän pitää vartioida itseämme tätä vastaan.

Apostolien tekojen 8. kirjassa on Simon-niminen noita joka seurasi Filippusta joka paikkaan sen jälkeen kun tämä oli saarnannut hänelle evankeliumia. Simonin näkemät merkit ja ihmeet saivat hänet ihmetyksen valtaan (jakeet 9-13). Nähtyään että Pietari ja Johannes laskivat kätensä henkilöiden päälle ja siten antoivat Pyhän Hengen hän tarjosi heille rahaa ja sanoi: *"Antakaa minullekin se valta, että kenen päälle minä käteni panen, se saa Pyhän Hengen"* (jakeet 17-19). Pietari kuitenkin torui Simonia näin: *"Menkööt rahasi sinun kanssasi kadotukseen, koska luulet Jumalan lahjan olevan rahalla saatavissa. Ei sinulla ole osaa eikä arpaa tähän sanaan, sillä sinun sydämesi ei ole oikea Jumalan edessä. Tee siis parannus ja käänny tästä pahuudestasi ja rukoile Herraa -jos ehkä vielä sinun sydämesi ajatus sinulle anteeksi annetaan. Sillä minä näen sinun olevan täynnä katkeruuden sappea ja kiinni vääryyden siteissä"* (jakeet 20-23).

Lahjoja annetaan niille jotka tuovat elävän Jumalan esiin ja pelastavat ihmiskunnan, ja tämän tähden niiden pitää tulla esiin Pyhän Hengen valvonnan alla. Joten meidän pitää ensin yrittää tulla Jumalan silmissä vanhurskaaksi ennen kuin me voimme pyytää Jumalalta Hänen lahjojaan.

Jumala sallii meidän pyytävän lahjoja Pyhän Hengen inspiroimana ja antaa meille kaiken pyytämämme sen jälkeen kun meidän sielumme on kukoistanut ja me olemme muovanneet itsestämme instrumentteja joita Jumala pystyy käyttämään.

Me tiedämme että Jumala käytti jokaista uskon esi-isää eri tarkoituksiin. Osa heistä toi esiin Jumalan voimaa, osa profetoi

Jumalan voimaa näyttämättä ja osa opetti ihmisiä. Mitä enemmän täyttä uskoa ja rakkautta he omasivat, sitä enemmän Jumala antoi heille voimaa ja salli heidän tehdä suurempia töitä.

Mooseksen ollessa Egyptissä prinssinä hän oli niin äkkipikainen että hän tappoi egyptiläisen yhdessä hetkessä sen tähden että tämä oli pahoinpidellyt toista israelilaista (Exodus 2:12). Useiden koettelemusten kautta Mooseksesta tuli kuitenkin hyvin nöyrä mies, nöyrempi kuin kukaan muu maan päällä, ja hän sai tämän jälkeen suuresti voimaa. Hän toi israelilaiset ulos Egyptistä näyttämällä erilaisia merkkejä ja ihmeitä (4. Moos. 12:3).

Me tiedämme myös profeetta Elian rukouksesta josta on kirjoitettu jakeissa Jaak. 5:17-18: *"Elias oli ihminen, yhtä vajavainen kuin mekin, ja hän rukoili rukoilemalla, ettei sataisi; eikä satanut maan päällä kolmeen vuoteen ja kuuteen kuukauteen. Ja hän rukoili uudestaan, ja taivas antoi sateen, ja maa kasvoi hedelmänsä."*

Me olemme itse nähneet ja Raamattu myös kertoo meille että vanhurskaan ihmisen rukous on voimallinen ja tehokas. Vanhurskaan voima ja vahvuus ovat selviä. On olemassa rukous jonka avulla ihmiset eivät saa Jumalalta vastauksia edes lukemattomien rukouksessa vietettyjen tuntien jälkeen mutta on olemassa myös hyvin voimallinen rukous joka tuo alas Hänen vastauksensa sekä Hänen voimansa teot. Jumala ottaa ilolla vastaan uskon, rakkauden ja uhrauksen rukouksen, ja Hän sallii ihmisten kirkastavan Häntä erilaisten lahjojen ja voimien kautta jotka Hän on näille antanut.

Me emme kuitenkaan olleet vanhurskaita heti alusta asti. Me olemme tulleet uskon vanhurskauttamiksi vasta sen jälkeen kun me olemme ottaneet Jeesuksen Kristuksen vastaan. Me tulemme vanhurskaaksi sen mukaan kuinka tietoiseksi me tulemme synnistä Hänen Sanaansa kuuntelemalla, kuinka me heitämme epätotuudet pois ja kuinka meidän sielumme kukoistaa. Me muutumme lisäksi yhä vanhurskaammaksi kun me elämme ja kuljemme kirkkaudessa ja vanhurskaudessa, ja tämän tähden Jumalan täytyy muuttaa meidän jokapäiväinen elämämme niin että me voimme tunnustaa apostoli Paavalin tavoin näin: *"Joka päivä minä olen kuoleman kidassa"* (1. Kor. 15:31).

Minä kehotan teitä katsomaan menneeseen elämäämme ja tarkistelemaan onko sinun ja Jumalan välissä synnin muuri ja repimään sen alas välittömästi jos näin on.

Minä rukoilen meidän Herramme nimessä että te kaikki olisitte kuuliaisia uskossa, uhraisitte rakkaudessa ja rukoilisitte vanhurskaana henkilönä niin että teidät julistettaisiin vanhurskaaksi, saisitte Hänen siunauksiaan kaikessa mitä teette ja antaisitte Jumalalle kunniaa varauksetta!

Luku 6

Yhteisen rukouksen suuri voima

Vielä minä sanon teille:
jos kaksi teistä maan päällä keskenään
sopii mistä asiasta tahansa, että he sitä anovat,
niin he saavat sen minun Isältäni, joka on taivaissa.
Sillä missä kaksi tahi kolme on kokoontunut minun nimeeni,
siinä minä olen heidän keskellänsä.

Matteus 18:19-20

1. Jumala ottaa yhteisen rukouksen ilolla vastaan

Korealainen sananlasku sanoo: "On parempi nostaa yhdessä, oli kyseessä sitten vaikka pelkkä paperinpalanen." Tämä vanha viisaus opettaa meille että tehokkuus nousee ja tulos on parempi kun kaksi tai useampi henkilö työskentelee yhdessä sen sijaan että me erakoituisimme ja yrittäisimme tehdä kaiken yksin. Lähimmäisen rakkautta naapureitaan ja kirkkoa kohtaan painottavan kristinuskon pitää olla hyvä esimerkki myös tämän suhteen.

Saarnaaja 4:9-12 sanoo: *"Kahden on parempi kuin yksin, sillä heillä on vaivannäöstänsä hyvä palkka. Jos he lankeavat, niin toinen nostaa ylös toverinsa; mutta voi yksinäistä, jos hän lankeaa! Ei ole toista nostamassa häntä ylös. Myös, jos kaksi makaa yhdessä, on heillä lämmin; mutta kuinka voisi yksinäisellä olla lämmin? Ja yksinäisen kimppuun voi joku käydä, mutta kaksi pitää sille puolensa. Eikä kolmisäinen lanka pian katkea."* Nämä jakeet opettavat meille että ihmisten yhtymisestä ja yhteistyöstä syntyy paljon voimaa ja riemua.

Myös Matteus 18:19-20 kertoo kuinka tärkeää on että uskovat tulevat yhteen ja rukoilevat yhdessä. On "henkilökohtaista rukoilua", jonka kautta ihmiset rukoilevat omien ongelmiensa puolesta yksittäin tai mietiskellessään Sanaa hiljaisina hetkinä, sekä "yhteisrukousta" jonka aikana joukko ihmisiä kerääntyy yhteen huutamaan Jumalaa.

Kuinka me voimme tuottaa Jumalalle kunniaa Häneltä saamiemme kotona tai kirkossa tapahtuneen tai kirkon ryhmässä tai solussa tapahtuneen yhteisrukouksen vastauksien kautta? Syventykäämme yhteisrukouksen merkitykseen ja metodeihin ja tehkäämme sen voimasta leipämme niin että me voisimme saada Jumalalta mitä tahansa me pyydämme Häneltä rukoillessamme Hänen kuningaskuntansa, vanhurskautensa ja kirkkonsa puolesta, tuottaen näin Hänelle suuresti kunniaa.

2. Yhteisrukouksen merkitys

Yhdessä niistä jakeista joihin tämäkin luku perustuu Jeesus sanoo näin: *"Vielä minä sanon teille: jos kaksi teistä maan päällä keskenään sopii mistä asiasta tahansa, että he sitä anovat, niin he saavat sen minun Isältäni, joka on taivaissa"* (Matteus 18:19). Tässä on jotakin mielenkiintoista. Sen sijaan että kohta puhuisi "yhden henkilön" rukouksesta tai "kahden tai useamman henkilön" tai "kolmen henkilön" Jeesus sanoi "jos kaksi teistä maan päällä keskenään sopii mistä asiasta tahansa." Miksi Jeesus painotti "kahta" henkilöä?

Tässä "kaksi teistä" tarkoittaa jokaista "meitä" sekä muita ihmisiä. Toisin sanoen, "kaksi teistä" voi viitata yhteen henkilöön, kymmeneen henkilöön, sataan henkilöön tai tuhanteen henkilöön meidän itsemme lisäksi.

Mikä on sitten "kahden teistä" hengellinen merkitys? Meissä

on oma "itsemme" ja meissä asuu Pyhä Henki omine piirteineen. Room. 8:26 sanoo: *"Samoin myös Henki auttaa meidän heikkouttamme. Sillä me emme tiedä, mitä meidän pitää rukoileman, niinkuin rukoilla tulisi, mutta Henki itse rukoilee meidän puolestamme sanomattomilla huokauksilla."* Näin siis itse Pyhä Henki joka auttaa meitä tekee sydämestämme temppelin jossa asua.

Me saamme vallan johon me olemme Jumalan lapsina oikeutettuja kun me alamme uskoa Häneen ja otamme Jeesuksen vastaan Pelastajaksemme. Pyhä Henki saapuu ja virvoittaa sielumme joka on ollut kuollut perisynnin tähden. Tämän tähden jokainen Jumalan lapsi kantaa sisällään omaa sydäntään sekä Pyhää Henkeä sen piirteineen.

"Kaksi teistä maan päällä" tarkoittaa oman sydämemme sekä oman henkemme, mikä on Pyhän Hengen väliintuloa, rukousta (1. Kor. 14:15; Room. 8:26). "Kaksi teistä maan päällä sopii mistä tahansa asiasta" tarkoittaa että nämä kaksi rukousta uhrataan Jumalalle yhteisymmärryksessä. Kun Pyhä Henki lisäksi liittyy henkilön tai kahden tai useamman henkilön kanssa heidän rukouksessaan näiden "kahden maan päällä" tulee sopia mitä pyytää.

Meidän pitää muistaa yhteisrukouksen merkitys ja siten kokea kuinka Herran lupaus täyttyy: *"Vielä minä sanon teille: jos kaksi teistä maan päällä keskenään sopii mistä asiasta tahansa, että he sitä anovat, niin he saavat sen minun Isältäni, joka on taivaissa"* (Matteus 18:19).

3. Yhteisrukouksen metodeja

Jumala ottaa yhteisrukouksen vastaan mielellään ja antaa tämänkaltaiseen rukoukseen vastauksia nopeasti. Hän tekee suuria tekoja sen tähden että ihmiset rukoilevat Häntä yhdellä sydämellä.

On varmasti suuri ylitsevuotavan ilon, rauhan ja loppumattoman Jumalan kunnian aihe jos me rukoilemme yhdessä Pyhän Hengen kanssa. Tällöin me pystymme tuomaan maahan "tulen vastauksen" sekä todistamaan elävästä Jumalasta varauksettomasti. "Yhdeksi sydämeksi" tuleminen ei ole kuitenkaan helppoa ja asioista sopiminen sydämissä tuo mukanaan erittäin merkittävän seurauksen.

Kuvittele, että palvelijalla on kaksi isäntää. Eikö hänen uskollisuutensa ja palveluintonsa olisikin tällöin pakosta jakaantunut? Ongelma on yhä vakavampi jos palvelijan kaksi isäntää ovat persoonallisuuksiltaan ja mauiltaan täysin erilaisia.

Kuvittele taas, että kaksi henkilöä tulee yhteen suunnitellakseen tapahtumaa. On turvallisempaa olettaa että he eivät ole onnistuneet jos he eivät ole pystyneet olemaan samaa mieltä vaan sen sijaan ovat pysyvästi eri mieltä. He ovat myös kenties molemmat tehneet omaa työtään eri päämäärä mielessään ja siten työ on saattanut näyttää sujuvan hyvin ulospäin ilman että lopputuloksesta on mitään epäselvyyttä. Joten avain vastausten saamiseen Jumalalta löytyy kyvystä olla yhtä sydäntä, rukoili henkilö sitten yksin, toisen henkilön kanssa tai sitten kahden tai useamman henkilön kanssa.

Kuinka me voimme sitten olla yhtä sydäntä rukouksessa?

Yhdessä rukoilevien ihmisten tulee rukoilla Pyhän Hengen johdatuksessa, olla Pyhän Hengen vallan alla ja tulla yhdeksi Pyhässä Hengessä ja rukoilla Pyhässä Hengessä (Ef. 6:18). Pyhä Henki kantaa Jumalan mieltä, ja niin Hän tutkii kaikki asia, jopa Jumalan syvyydet (1. Kor. 2:10) ja rukoilee puolestamme Jumalan tahdon mukaisesti (Room. 8:27). Rukoillessamme tällä tavalla Pyhä Henki johtaa mieltämme ja Jumala hyväksyy rukouksen mielellään ja antaa meille kaiken mitä me olemme pyytäneet, jopa sydämemme toiveet.

Meidän täytyy uskoa Jumalan Sanaan epäilemättä, olla kuuliainen totuudessa, riemuita aina, rukoilla jatkuvasti ja kiittää kaikissa olosuhteissa voidaksemme rukoilla Pyhän Hengen täyteydessä. Meidän pitää myös kutsua Jumalaa sydämemme pohjasta. Näyttäessämme Jumalalle tekojen sävyttämää uskoa ja kamppailemme rukouksessa Hän on mielissään ja antaa meille riemua Pyhän Hengen kautta. Tätä kutsutaan Pyhällä Hengellä "täyttymiseksi" ja Pyhän Hengen "hurmioksi."

Eräät tuoreet uskovat tai vain satunnaisesti rukoilleet eivät ole vielä saaneet rukouksen voimaa ja siten he pitävät rukoilemista vaikeana tai työläänä. Yrittäessään rukoilla tunnin verran he koettavat keksiä kaikenlaisia rukousaiheita pystymättä silti täyttämään koko tuntia. He väsyvät ja menettävät voimansa odottaen levottomasti ajan täyttyvän, ja lopulta he päätyvät vain lörpöttelemään rukouksessa. Tämänkaltainen rukous on "sielun rukousta", johon Jumala ei pysty vastaamaan.

Usean ihmisen rukous on yhä sielun rukousta siitä huolimatta että he ovat käyneet kirkossa yli kymmenen vuoden ajan. Suurin osa ihmisistä jotka valittavat tai lannistuvat Jumalan vastausten puutteen tähden eivät voi saada Hänen vastauksiaan sen tähden että heidän rukouksensa on sielun rukousta. Tämä ei kuitenkaan tarkoita sitä että Jumala olisi kääntänyt selkänsä heidän rukoukselle. Jumala kyllä kuulee heidän rukouksensa, Hän ei vain voi vastata niihin.

Jotkut voivat kysyä: "Tarkoittaako tämä sitä että on hyödytöntä rukoilla jos me emme rukoile Pyhän Hengen innoituksessa?" Näin ei kuitenkaan ole. He voivat rukoilla ajatuksissaan, ja heidän kutsuessa Jumalaa tunnollisesti rukouksen portit aukeavat ja he saavat rukouksen voiman ja oppivat tätä kautta rukoilemaan hengessä. Ilman rukousta rukouksen portit eivät voi aueta. Jumala kuuntelee jopa sielun rukousta, ja niin sinä saat yhtyä Pyhän Hengen kanssa sen jälkeen kun rukouksen portit on avattu, ja sinä saat vastauksia siihen mitä sinä olet aikaisemmin pyytänyt.

Kuvittele, että on poika joka ei miellytä isäänsä. Poika ei pysty miellyttämään isäänsä teoillaan ja niin hän ei saa tältä mitään mitä hän on pyytänyt. Eräänä päivänä poika alkaa kuitenkin miellyttää isää teoillaan ja tämä isä alkaa pitää poikaansa oman sydämen mukaisena. Kuinka tämä isä alkaisi kohdella poikaansa? Muista että heidän suhteensa ei ole enää samanlainen kuin mitä se ennen oli. Isä haluaa nyt antaa pojalleen kaiken mitä hän pyytää ja poika saa jopa sellaisia asioita joita hän oli pyytänyt aikaisemmin.

Samalla tavalla me saamme rukouksen voiman ja voimme rukoilla Jumalaa miellyttävällä tavalla kun meidän rukouksemme ovat kasaantuneet tarpeeksi korkeaksi. Rukouksen portit aukeavat meille tällöin siitä huolimatta että meidän rukouksemme ovat peräisin ajatuksistamme. Me saamme myös asioita joita me olemme pyytäneet Jumalalta aikaisemmin ja me ymmärrämme että Hän ei ole jättänyt edes yhtä pientä asiaa huomioitta rukouksistamme.

Rukoillessamme Pyhän Hengen täyteydessä ja hengessä me emme myöskään väsy tai anna periksi uneliaisuudelle tai maailmallisille ajatuksille vaan me pystymme rukoilemaan uskossa ja riemuiten. Näin jopa joukko ihmisiä voi rukoilla yhdessä, sillä he rukoilevat hengessä ja rakkaudessa yhdellä mielellä ja yhdellä tahdolla.

Toinen jakeista johon tämä luku perustuu sanoo näin: *"Sillä missä kaksi tahi kolme on kokoontunut minun nimeeni, siinä minä olen heidän keskellänsä"* (Matteus 18:20). Kokoontuessaan yhteen Jeesuksen Kristuksen nimessä Pyhän Hengen saaneet Jumalan lapset rukoilevat yhdessä ja niin meidän Herramme on varmasti siellä missä hekin ovat. Toisin sanoen, Pyhän Hengen saaneiden ihmisten kerääntyessä rukoilemaan meidän Herramme valvoo jokaisen mieltä, yhdistää ne Pyhän hengen kanssa ja johdattaa heidät olemaan yhtä mieltä niin että heidän rukouksensa miellyttäisi Jumalaa.

Jos käy kuitenkin niin, että ihmiset eivät voi kerääntyä yhteen ja olla yhtä sydäntä, tällöin tämä ryhmä ei voi rukoilla yhdessä tai rukoilla jokaisen osanottajan sydämellä vaikka he rukoilisivatkin saman asian puolesta. Tämä johtuu siitä että rukoilijoiden sydämet eivät ole samaa mieltä muiden rukoilijoiden sydänten kanssa. Jos paikallaolijoiden sydämet eivät voi yhdistyä yhdeksi, tällöin rukousta johtavan henkilön tulee julistaa ylistyksen ja katumuksen hetki niin että paikalle kerääntyneet ihmiset voivat tulla yhdeksi Pyhässä Hengessä.

Meidän Herramme tulee olemaan rukoilevien ihmisten kanssa kun he tulevat Pyhässä Hengessä yhdeksi, sillä Hän valvoo ja johdattaa jokaisen paikallaolijan sydäntä. Meidän pitää ymmärtää että meidän Herramme ei voi olla sellaisten ihmisten kanssa joiden rukous ei ole yhteistä.

Ihmisten tullessa yhdeksi Pyhässä Hengessä ja rukoillessa yhdessä kaikki rukoilevat sydämestään, ovat täynnä Pyhää Henkeä ja hikoilevat. Ilonaallon pyyhkäistessä heidän ylitseen he ovat varmoja Jumalan vastauksista joita he ovat pyytäneet. Meidän Herramme on sellaisten ihmisten kanssa jotka rukoilevat tällä tavalla ja tämänkaltainen rukous on Jumalaa miellyttävää rukousta.

Minä toivon että te kaikki saisitte kaiken mitä te rukouksessa pyydätte ja siten kirkastaisitte Jumalaa rukoilemalla yhdessä Pyhän Hengen täyteydessä ja omasta sydämestämme kun te kokoonnutte yhteen muiden solujen tai ryhmien jäsenten kanssa kotona tai kirkossa.

Yhteisrukouksen suuri voima

Yksi yhteisrukouksen eduista on se nopeus jolla ihmiset saavat vastauksia Jumalalta sekä Hänen tekemiensä töiden laatu. On esimerkiksi suuri ero sen välillä että yksi henkilö rukoilee 30 minuutin ajan tai sitten 10 henkilöä rukoilee 30 minuutin ajan saman pyynnön puolesta. Jumalan hyväksyessä ihmisten yhteisrukouksen he kokevat Jumalan tekoja ja rukouksiensa voiman kieltämättömästi.

Ap.t. 1:12-15 kertoo kuinka joukko ihmisiä opetuslapset mukaan lukien kokoontui yhteen rukoilemaan sen jälkeen kun Jeesus oli noussut kuolleista ja astunut taivaaseen. Tähän väkijoukkoon kuului noin 120 henkeä. Tämä väkijoukko kokoontui yhteen rukoilemaan aina helluntaihin saakka toivoen voivansa saada Jeesuksen heille lupaaman Pyhän Hengen.

> *Ja kun helluntaipäivä oli tullut, olivat he kaikki yhdessä koolla. Ja tuli yhtäkkiä humaus taivaasta, niinkuin olisi käynyt väkevä tuulispää, ja täytti koko huoneen, jossa he istuivat. Ja he näkivät ikäänkuin tulisia kieliä, jotka jakaantuivat ja asettuivat heidän itsekunkin päälle. Ja he tulivat kaikki Pyhällä Hengellä täytetyiksi ja alkoivat puhua muilla kielillä, sen mukaan mitä Henki heille puhuttavaksi antoi* (Ap.t. 2:1-4).

Kuinka ihmeellistä tämä Jumalan työ onkaan? Heidän rukoillessa yhdessä jokainen näistä 120 hengestä sai Pyhän Hengen osakseen ja he alkoivat puhua kielillä. Myös apostolit saivat Jumalalta suuria voimia niin että melkein 3000 ihmistä otti Jeesuksen Kristuksen vastaan ja tuli kastetuksi Pietarin sanoman kautta (Ap.t. 2:41). Apostolit tekivät kaikenlaisia ihmeellisiä merkkejä ja tekoja ja niin tuoreiden uskovien määrä kohosi päivä päivältä ja uskovien elämä alkoi myös muuttua (Ap.t. 2:34-47).

> *Mutta kun he näkivät Pietarin ja Johanneksen rohkeuden ja havaitsivat heidän olevan koulunkäymättömiä ja oppimattomia miehiä, he ihmettelivät; ja he tunsivat heidät niiksi, jotka olivat olleet Jeesuksen kanssa. Ja nähdessään parannetun miehen seisovan heidän kanssansa he eivät voineet*

mitään vastaansanoa (Ap.t. 4:13-14).

Ja apostolien kätten kautta tapahtui kansassa monta tunnustekoa ja ihmettä; ja he olivat kaikki yksimielisesti koolla Salomon pylväskäytävässä. Eikä muista kukaan uskaltanut heihin liittyä, mutta kansa piti heitä suuressa kunniassa. Ja yhä enemmän karttui niitä, jotka uskoivat Herraan, sekä miehiä että naisia suuret joukot. Kannettiinpa sairaita kaduillekin ja pantiin vuoteille ja paareille, että Pietarin kulkiessa edes hänen varjonsa sattuisi johonkuhun heistä. Myöskin kaupungeista Jerusalemin ympäriltä tuli paljon kansaa, ja he toivat sairaita ja saastaisten henkien vaivaamia, ja ne kaikki tulivat parannetuiksi (Ap.t. 5:12-16).

Yhteisrukouksen voima antoi apostoleiden saarnata Sanaa rohkeasti sekä parantaa sokeita, rampoja ja heikkoja, herättää kuolleita, parantaa kaikenlaisia sairauksia sekä ajaa pahoja henkiä ulos ihmisistä.

Seuraava kertoo Pietarista jota pidettiin vankina Herodeksen (Agrippa I) hallituskaudella joka tuli tunnetuksi kristittyjen vainosta. Ap.t. 12:5 sanoo: *"Niin pidettiin siis Pietaria vankeudessa; mutta seurakunta rukoili lakkaamatta Jumalaa hänen edestänsä."* Pietarin ollessa unessa kahleiden sitomana kirkko rukoili hänen puolestaan. Jumala kuuli kirkon rukouksen ja lähetti enkelin pelastamaan Pietarin.

Päivää ennen kuin Herodes oli paneva Pietarin tuomiolle hänet sidottiin kaksin kahlein ja hän nukkui kahden vartijan vartioidessa sisäänkäyntiä (Ap.t. 12:6). Jumala näytti voimansa avaamalla hänen kahleensa ja antamalla vankilan rautaportin avautua itsestään (Ap.t. 12:7-10). Kun Pietari saapui Johanneksen, jota myös Markukseksi kutsuttiin, äidin, eli Marian, taloon, hän löysi sieltä paljon ihmisiä jotka olivat kerääntyneet yhteen rukoilemaan hänen puolestaan (Ap.t. 12:12). Tämä ihme oli merkki kirkon yhteisrukouksen voimasta.

Kirkko ei tehnyt vangitun Pietarin hyväksi mitään muuta kuin että he rukoilivat yhdessä. Samalla tavalla Jumalan lasten tulee ensiksi uskoa että Jumala ratkaisee kaikki heidän käsissään olevat ongelmat ja sen sijaan että he käyttäisivät ihmisten keinoja ja konsteja murehtien ja levottomana ollen heidän tulee kerääntyä yhteen rukoilemaan jos heidän kirkkonsa kohtaa ongelmia tai joku heistä sairastuu.

Jumala kiinnittää huomiota kirkon yhteisrukoukseen, on ilostunut siitä kun se tapahtuu ja vastaa tämänkaltaisiin rukouksiin ihmeteoillaan. Voitko sinä kuvitella kuinka mieltynyt Jumala tulee olemaan kun Hän näkee kuinka Hänen lapsensa rukoilevat yhdessä Hänen kuningaskuntansa ja vanhurskautensa puolesta?

Ihmiset kokevat Jumalan ihmeellisiä tekoja heidän täyttyessään Pyhällä Hengellä ja rukoillessaan yhdessä. He saavat voimaa elää Jumalan Sanan mukaan, saavat todistaa elävää Jumalaa samalla tavalla kuin alkukirkon jäsenet ja apostolit, laajentavat Jumalan kuningaskuntaa ja saavat mitä tahansa he pyytävät.

Muista että Jumala on luvannut meille että Hän vastaa meille kun me pyydämme ja rukoilemme yhdessä. Minä rukoilen meidän Herramme nimessä, että te kaikki ymmärtäisitte yhdessä rukoilemisen merkityksen ja että te tapaisitte palavasti muita Jeesuksen Kristuksen nimessä rukoilevia niin että te saisitte kokea yhteisrukouksen suuren voiman, saisitte rukouksen voiman ja pystyisitte tulemaan kallisarvoisiksi työntekijöiksi todistamalla elävästä Jumalasta.

Luku 7

Rukoile aina äläkä väsy

Ja hän puhui heille vertauksen siitä,
että heidän tuli aina rukoilla eikä väsyä.

Hän sanoi: "Eräässä kaupungissa oli tuomari,
joka ei peljännyt Jumalaa eikä hävennyt ihmisiä.
Ja siinä kaupungissa oli leskivaimo,
joka vähän väliä tuli hänen luoksensa ja sanoi:
'Auta minut oikeuteeni riitapuoltani vastaan.'
Mutta pitkään aikaan hän ei tahtonut.
Vaan sitten hän sanoi mielessään:
'Vaikka en pelkää Jumalaa enkä häpeä ihmisiä,
niin kuitenkin, koska tämä leski tuottaa minulle vaivaa,
minä autan hänet oikeuteensa,
ettei hän lopulta tulisi ja kävisi minun silmilleni.'"

Niin Herra sanoi: "Kuulkaa, mitä tuo väärä tuomari sanoo!
Eikö sitten Jumala toimittaisi oikeutta valituillensa,
jotka häntä yötä päivää avuksi huutavat,
ja viivyttäisikö hän heiltä apuansa?
Minä sanon teille: hän toimittaa heille oikeuden pian."

Luukas 18:1-8

1. Kärsivällisen lesken vertauskuva

Jeesuksen opettaessa väkijoukolle Jumalan Sanaa Hän ei koskaan puhunut heille ilman vertauskuvia (Mark. 4:33-34). Tämä luku perustuu "kärsivällisen lesken vertauskuvaan", ja tämä vertauskuva painottaa kuinka tärkeää on rukoilla kärsivällisesti ja kertoo meille että meidän tulee rukoilla aina periksi antamatta.

Kuinka kärsivällisesti sinä rukoilet saadaksesi Jumalalta vastauksia? Pidätkö sinä rukouksissasi taukoa vai oletko sinä antanut periksi sen tähden ettei Jumala ole vielä vastannut rukouksiisi?

Me kohtaamme elämässämme lukemattomia niin suuria kuin pieniäkin ongelmia ja vaikeuksia. Saarnatessamme evankeliumia ihmisille ja kertoessamme heille elävästä Jumalasta osa näistä Jumalaa etsivistä ihmisistä alkaa käydä kirkossa ratkaistakseen ongelmansa kun taas osa haluaa vain lohduttaa sydämiään.

Huolimatta siitä mikä näiden ihmisten syy on ollut alkaa käydä kirkossa he alkavat Jumalan lapsina oppia että he voivat saada mitä tahansa he pyytävätkin ja he muuttuvat rukouksen ihmisiksi heidän palvellessaan Jumalaa ja otettuaan Jeesuksen Kristuksen vastaan elämäänsä.

Joten kaikkien Jumalan lasten tulee oppia Hänen Sanansa kautta minkälaiseen rukoukseen Hän on mieltynyt, ja heidän tulee rukoilla vaadittavalla tavalla sekä omata uskoa olla kärsivällinen ja rukoilla niin kauan kunnes Jumala antaa heille rukouksen hedelmiä. Tämän tähden uskon ihmiset ovat tietoisia rukouksen tärkeydestä ja rukoilevat usein. He eivät tee syntiä olemalla rukoilematta vaikka he eivät saisikaan vastauksia saman tien. Sen sijaan että he antaisivat periksi he rukoilevat yhä palavammin.

Ihmiset voivat saada Jumalalta vastauksia ja tuottaa Hänelle kunniaa vain tämänkaltaisen uskon kautta. Silti on kuitenkin vaikea löytää tämänkaltaista uskoa omaavia ihmisiä siitä huolimatta että monet ihmiset tunnustavat uskovansa. Tämän tähden meidän Herramme suree ja sanoo: *"Kuitenkin, kun Ihmisen Poika tulee, löytäneekö hän uskoa maan päältä?"* (Luuk. 18:8)

Eräässä kaupungissa oli moraaliton tuomari jonka luokse eräs leski aina palasi sanoen: "Anna minulle lain suojaa vihamiestäni vastaan." Tämä korruptoitunut tuomari odotti saavansa lahjuksen mutta tällä köyhällä leskellä ei ollut mitään mitä hänelle antaa. Silti leski palasi aina tuomarin luokse anomaan apua minkä tuomari häneltä aina kielsi. Eräänä päivänä tuomari kuitenkin muutti mielensä. Tiedätkö sinä miksi? Kuuntele mitä tämä tuomari sanoi itselleen"

"Vaikka en pelkää Jumalaa enkä häpeä ihmisiä, niin kuitenkin, koska tämä leski tuottaa minulle vaivaa, minä autan hänet oikeuteensa, ettei hän lopulta tulisi

ja kävisi minun silmilleni" (Luuk. 18:4-5).

Leski ei antanut koskaan periksi vaan jatkoi tuomarin luokse menemistä pyyntöineen, ja tämän tähden edes tämä paha tuomari ei voinut muuta kuin antaa periksi häntä vaivaavalle leskelle ja täyttää tämän pyyntönsä.

Tämän vertauskuvan avulla Jeesus antoi meille avaimen Jumalan vastausten saamiseen ja Hän päätti opetuksen sanomalla näin: *"Kuulkaa, mitä tuo väärä tuomari sanoo! Eikö sitten Jumala toimittaisi oikeutta valituillensa, jotka häntä yötä päivää avuksi huutavat, ja viivyttäisikö hän heiltä apuansa? Minä sanon teille: hän toimittaa heille oikeuden pian"* (jakeet 6-8).

Miksi vanhurskas Jumala ei vastaisi Häntä huutaville lapsilleen jos jopa korruptoitunut tuomarikin vastasi lesken aneluihin? Kuinka Jumala voisi olla vastaamatta nopeasti jos he vannovat saavansa vastauksen tiettyyn ongelmaan, paastoavat, valvovat koko yön ja kamppailevat rukouksessa? Minä olen varma siitä että moni teistä on kuullut esimerkkejä siitä kuinka ihmiset ovat saaneet Jumalalta vastauksia valarukouksen aikana.

Psalmissa 50:15 Jumala sanoo: *"Ja avuksesi huuda minua hädän päivänä, niin minä tahdon auttaa sinua, ja sinun pitää kunnioittaman minua."* Toisin sanoen, Jumalan tarkoituksensa on että me tuottaisimme Hänelle kunniaa saamiemme vastauksien kautta. Jeesus muistuttaa meitä jakeessa Matteus 7:11 näin: *"Jos siis te, jotka olette pahoja, osaatte antaa lapsillenne hyviä lahjoja, kuinka paljoa ennemmin teidän Isänne, joka on taivaissa, antaa sitä, mikä hyvää on, niille, jotka sitä häneltä anovat!"* Kuinka meille varauksetta ainoan Poikansa puolestamme kuolemaan antanut Jumala voisi olla vastaamatta rukoukseen? Jumala haluaa antaa Häntä rakastaville lapsilleen pikaisia vastauksia.

Miksi niin monet ihmiset jäävät kuitenkin ilman vastauksia siitä huolimatta että he rukoilevat? Jumalan Sana sanoo Matteuksen jakeissa 7:7-8 erikseen näin: *"Anokaa, niin teille annetaan; etsikää, niin te löydätte; kolkuttakaa, niin teille avataan. Sillä jokainen anova saa, ja etsivä löytää, ja kolkuttavalle avataan."* Tämän tähden on mahdotonta että me emme saisi vastausta. Silti Jumala ei pysty vastaamaan rukoukseemme jos Hänen ja meidän välillämme seisoo synnin muuri, jos me emme ole rukoilleet tarpeeksi tai jos oikea aika ei ole vielä koittanut sille että me saisimme Häneltä vastauksia.

Meidän tulee aina rukoilla periksi antamatta, sillä jos me olemme kärsivällisiä ja rukoilemme uskossa Pyhä Henki tulee ja repii alas meidän ja Jumalan välissä seisovan synnin muurin ja avaa tien Jumalan vastauksille katumuksemme kautta. Jumala vastaa meille varmasti kun meidän rukoustemme määrä näyttää Hänen silmissään sopivalta.

Luukaksen jakeissa 11:5-8 Jeesus opettaa meille kärsivällisyydestä ja itsepintaisuudesta.

Jos jollakin teistä on ystävä ja hän menee hänen luoksensa yösydännä ja sanoo hänelle: 'Ystäväni, lainaa minulle kolme leipää, sillä eräs ystäväni on matkallaan tullut minun luokseni, eikä minulla ole, mitä panna hänen eteensä'; ja toinen sisältä vastaa ja sanoo: 'Älä minua vaivaa; ovi on jo suljettu, ja lapseni ovat minun kanssani vuoteessa; en minä voi nousta antamaan sinulle' – minä sanon teille: vaikka hän ei nousekaan antamaan hänelle sentähden, että hän on hänen ystävänsä, nousee hän kuitenkin sentähden, että toinen ei hellitä, ja antaa hänelle niin paljon, kuin hän tarvitsee.

Jeesus opettaa meille että Jumala ei kiellä meiltä vastauksia vaan vastaa Hänen lastensa itsepintaisuuksiin. Rukoillessamme Jumalaa meidän pitää pyytää rohkeasti ja kärsivällisesti. Sinun ei pidä vain vaatia vaan rukoilla ja pyytää uskossa varmana. Raamattu mainitsee useaan otteeseen useita uskon esi-isiä jotka saivat tämänkaltaiseen rukoukseen vastauksia.

Painittuaan enkelin kanssa Jabbok-joella koko yön läpi Jaakob rukoili vilpittömästi ja esitti vaatimuksen tulla siunatuksi, sanoen, että hän ei menisi ennen kuin Jumala siunaisi häntä (Genesis 32:26). Jumala myös salli Jaakobin tulla siunatuksi. Tuosta hetkestä eteenpäin Jaakobia kutsuttiin nimellä "Israel" ja hänestä tuli israelilaisten esi-isä.

Matteuksen 15. luvussa kanaanilaisella naisella oli pahojen henkien riivaama tytär ja hän meni Jeesuksen luokse ja kutsui Häntä: *"Daavidin poika, armahda minua. Riivaaja vaivaa kauheasti minun tytärtäni."* Jeesus ei kuitenkaan sanonut sanaakaan (Matteus 15:22-23). Naisen tullessa takaisin toisen kerran ja polvistuttua Hänen eteensä Jeesus sanoi vain: *"Minua ei ole lähetetty muitten kuin Israelin huoneen kadonneitten lammasten tykö"* ja kieltäytyi naisen pyynnöstä (Matteus 15:25-26). Nainen puhutteli Jeesusta uudelleen ja sanoi: *"Niin, Herra; mutta syöväthän penikatkin niitä muruja, jotka heidän herrainsa pöydältä putoavat."* Tämän jälkeen Jeesus sanoi: "Oi vaimo, suuri on sinun uskosi, tapahtukoon sinulle, niinkuin" (Matteus 15:27-28).

Samalla tavalla meidän tulee seurata uskon esi-isiemme jalanjälkiä Jumalan Sanan mukaisesti ja muistaa aina rukoilla. Meidän tulee myös rukoilla uskossa varmana ja palavin sydämin. Jumala sallii meidän korjaavan oikean hetken koittaessa ja Häneen uskomisen kautta meistä pitää tulla Kristuksen uskollisia seuraajia rukouselämässämme ilman että me annamme periksi.

2. Miksi meidän pitää aina rukoilla

Ihminen ei pysty elämään ilman hengittämistä ja samalla tavalla Pyhän Hengen saaneet Jumalan lapset eivät voi saada ikuista elämää ilman rukoilemista. Rukous on dialogia elävän Jumalan kanssa ja meidän henkemme hengittämistä. Jumalan lapset tukahduttavat Pyhän Hengen tulen jos he eivät kommunikoi Jumalan kanssa ja niin he eivät pysty enää kulkemaan elämän polulla vaan harhautuvat tuhon tielle ja lopulta menettävät pelastuksensakin.

Rukous kuitenkin avaa kommunikointikanavan Jumalan kanssa ja niin me voimme saavuttaa pelastuksen kun me kuulemme Pyhän Hengen äänen ja opimme Jumalan tahdon ja elämme sen mukaisesti. Jumala antaa meille jopa keinon välttää meitä mahdollisesti kohtaavat vaikeudet ja Hän myös tekee kaikessa työtä meidän puolestamme. Rukouksen kautta me voimme myös kokea kaikkivaltiaan Jumalan voiman joka vahvistaa meitä kohtaamaan ja voittamaan paholais-vihollisen, tuottaen näin Jumalalle kunniaa vakaalla uskollamme joka on tehnyt mahdottomasta mahdollista.

Joten Raamattu kehottaa meitä rukoilemaan lakkaamatta (1. Tes. 5:17) ja tämä on "Jumalan tahto" (1. Tes. 5:18). Jeesus näytti meille esimerkkiä rukouksesta rukoilemalla jatkuvasti Jumalan tahdon mukaisesti paikasta ja ajasta riippumatta. Hän rukoili aavikolla, vuorella ja useissa muissa paikoissa niin aamuin kuin öisinkin.

Jatkuvasti rukoilemalla meidän uskon esi-isämme elivät Jumalan tahdon mukaisesti. Profeetta Samuel sanoi: *"Ja pois se minusta, että tekisin sen synnin Herraa vastaan, että lakkaisin rukoilemasta teidän puolestanne ja opettamasta teille hyvää ja oikeata tietä"* (1 Samuel 12:23). Rukous on Jumalan tahto ja Hänen käskynsä; Samuel sanoo meille että rukoilemisen laiminlyönti on syntiä.

Maailmalliset ajatukset valtaavat mielemme ja estävät meitä elämästä Jumalan tahdon mukaisesti kun me pidämme tauon rukoilemisessa tai lakkaamme rukoilemasta kokonaan. Tällöin me kohtaamme ongelmia sillä me emme ole Jumalan suojeluksessa. Joten kun ihmiset lankeavat kiusaukseen he nurisevat Jumalaa vastaan tai harhautuvat Hänen tieltään yhä enemmän.

Tästä syystä 1. Piet. 5:8-9 muistuttaa meitä: *"Olkaa raittiit, valvokaa. Teidän vastustajanne, perkele, käy ympäri niinkuin kiljuva jalopeura, etsien, kenen hän saisi niellä. Vastustakaa häntä lujina uskossa, tietäen, että samat kärsimykset täytyy teidän veljiennekin maailmassa kestää."* Hän kehottaa meitä rukoilemaan jatkuvasti. Meidän ei tule rukoilla ainoastaan silloin kun meillä on ongelmia vaan aina, niin että me voisimme olla siunattuja Jumalan lapsia joiden elämässä kaikki on hyvin.

3. Me saamme korjata satoa oikealla hetkellä

Galatalaiskirje 6:9 sanoo: *"Ja kun hyvää teemme, älkäämme lannistuko, sillä me saamme ajan tullen niittää, jos emme väsy."* Sama koskee rukoilemista. Oikean hetken koittaessa me saamme korjata satoa jos me rukoilemme aina Jumalan tahdon mukaisesti periksi antamatta.

Mitä hyötyä olisi yrittää korjata satoa jos maanviljelijä tulisi kärsimättömäksi pian sadon istuttamisen jälkeen ja kaivaisi siemenet maasta tai jos hän ei pitäisi versoista huolta tai odottaisi tarpeeksi kauan? Me tarvitsemme itsepintaisuutta ja kärsivällisyyttä siihen asti että me saamme vastauksen rukouksiimme.

Sadonkorjuun hetki riippuu myös siitä minkälaisia siemeniä on istutettu. Jotkut siemenet kantavat hedelmää muutamassa kuukaudessa kun taas toiset voivat tarvita vuosia kasvaakseen. Hedelmiä ja viljoja on helpompi korjata kuin esimerkiksi harvinaista gingensiä. Mitä arvokkaampaa ja harvinaisempaa sato on, sitä suuremman määrän aikaa ja omistautuneisuutta se tarvitsee.

Sinun tulee ymmärtää että suuremmat ja vakavammat ongelmat tarvitsevat enemmän rukoilua kuin pienemmät. Profeetta Daniel näki näyn Israelin tulevaisuutta koskien, suri kolme viikkoa ja rukoili. Jumala kuuli Danielin rukoukset ensimmäisenä päivänä ja lähetti enkelin profeetan luokse jotta tämä olisi tästä tietoinen (Daniel 10:12). Ilmojen hallitsija kuitenkin vastusti enkeliä 21 päivän ajan ja tämän tähden enkeli saapui Danielin luokse vasta viimeisenä päivänä. Vasta tällöin Daniel saattoi olla asiasta varma (Daniel 10:13-14).

Mitä olisi tapahtunut jos Daniel olisi antanut periksi ja

lakannut rukoilemasta? Daniel jatkoi rukoilemista ja sai Jumalalta vastauksia siitä huolimatta että hän tuli levottomaksi ja menetti voimiaan näyn nähtyään.

Ollessamme uskossa kärsivällisiä ja rukoillessamme siihen saakka että me saamme Häneltä vastauksia Jumala antaa meille avustajan ja johdattaa meidät Hänen vastaustensa luokse. Tämän tähden Danielille vastauksia tuonut enkeli sanoi hänelle näin: *"Persian valtakunnan enkeliruhtinas seisoi vastustamassa minua kaksikymmentäyksi päivää, mutta katso, Miikael, yksi ensimmäisistä enkeliruhtinaista, tuli minun avukseni, sillä minä olin jäänyt yksin sinne, Persian kuningasten tykö. Ja minä tulin opettamaan sinulle, mitä on tapahtuva sinun kansallesi päivien lopulla; sillä vielä tämäkin näky koskee niitä päiviä"* (Daniel 10:13-14).

Minkälaisten ongelmien puolesta sinä rukoilet? Onko sinun rukouksesi sellainen joka saavuttaa Jumalan valtaistuimen? Ymmärtääkseen Jumalan Hänelle näyttämän näyn Daniel päätti nöyrtää itsensä eikä hän syönyt mitään maukasta ruokaa eikä liha tai viini löytänyt tietään hänen suuhunsa ennen kuin kolme viikkoa olivat kuluneet. Hän ei myöskään käyttänyt minkäänlaisia voiteita tänä aikana (Daniel 10:3). Daniel nöyrsi itsensä näiden kolmen viikon aikana valarukouksessa ja tämän tähden Jumala kuuli hänen rukouksensa ja vastasi hänelle ensimmäisenä päivänä.

Kiinnitä tässä huomiota siihen että vaikka Jumala kuuli

Danielin rukouksen ja vastasi siihen ensimmäisenä päivänä kesti kuitenkin kolme viikkoa ennen kuin Hänen vastauksensa saavutti Danielin. Moni ihminen yrittää rukoilla päivän tai kahden ajan kohdattuaan ongelmia ja antavat sitten periksi. Tämä todistaa heidän vähäisestä uskostaan.

Meidän sukupolvemme tarvitsee nykyään eniten sydäntä jonka avulla me voimme uskoa meille varmasti vastaavaan Jumalaamme sekä rukoilla ja olla kärsivällisiä Jumalan vastausten saapumisen ajankohdasta välittämättä. Kuinka me voimme odottaa saavamme Jumalalta vastauksia ilman kärsivällisyyttä?

Jumala antaa sateen ajallaan niin keväisin kuin syksyisinkin ja asettaa sadonkorjuulle sen ajan (Jeremia 5:24). Tämän tähden Jeesus sanoi: *"Sentähden minä sanon teille: kaikki, mitä te rukoilette ja anotte, uskokaa saaneenne, niin se on teille tuleva"* (Mark. 11:24). Daniel uskoi rukouksiin vastaavaan Jumalaan ja tämän tähden hän oli kärsivällinen eikä lakannut rukoilemasta ennen kuin hän sai Jumalalta vastauksen.

Raamattu sanoo: *"Mutta usko on luja luottamus siihen, mitä toivotaan, ojentautuminen sen mukaan, mikä ei näy"* (Hepr. 11:1). Jos henkilö on lakannut rukoilemasta sen tähden ettei hän ole saanut Jumalalta vastausta hänen ei pidä luulla että hän omaa uskoa jolla saada Jumalalta vastauksia. Jos hän omaa aitoa uskoa hän ei ryve nykyolosuhteissa vaan rukoilee jatkuvasti periksi antamatta. Tämä johtuu siitä että hän uskoo että Jumala, joka sallii meidän korjaavan mitä me olemme kylväneet ja maksaa meille tekojemme mukaan, vastaa hänelle varmasti.

Efesolaiskirje 5:7-8 sanoo: *"Älkää siis olko niihin osallisia heidän kanssaan. Ennen te olitte pimeys, mutta nyt te olette valkeus Herrassa. Vaeltakaa valkeuden lapsina."* Minä siis rukoilen Herramme Jeesuksen Kristuksen nimessä, että jokainen teistä omaisi aitoa uskoa, olisi rukouksessa Kaikkivaltiaalle Jumalalle kärsivällinen, saisi kaiken mitä te rukouksessa pyydätte ja eläisi täynnä Jumalan siunauksia olevan elävän!

Kirjailija:
Pastori Dr. Jaerock Lee

Dr. Jaerock Lee syntyi Muanissa, Jeonnamin provinssissa, Korean Tasavallassa vuonna 1943. Nuoruudessaan Dr. Lee kärsi useista parantumattomista sairauksista seitsemän vuoden ajan. Ilman toivoa parantumisesta hän odotti kuolemaa. Eräänä päivänä keväällä 1974 hänen siskonsa johdatti hänet kirkkoon, ja hänen kumartuessaan rukoilemaan Elävä Jumala paransi hänet välittömästi kaikista hänen sairauksistaan.

Siitä hetkestä lähtien kun Dr. Lee tapasi Elävän Jumalan tuon ihmeellisen tapahtuman kautta hän on rakastanut Jumalaa vilpittömästi koko sydämellään, ja vuonna 1978 hänet kutsuttiin Jumalan palvelijaksi. Hän noudatti Jumalan Sanaa ja rukoili kuumeisesti saadakseen selvyyden Jumalan tahdosta voidakseen toteuttaa sitä. Vuonna 1982 hän perusti Manminin Central Churchin Soulissa, Koreassa, ja siitä lähtien kirkossa on tapahtunut lukemattomia Jumalan töitä, parantumisia ja muita ihmeitä mukaan lukien.

Vuonna 1986 Dr. Lee vihittiin pastoriksi Korean Jesus' Sungkyul Churchin vuotuisessa kirkkokouksessa, ja neljä vuotta myöhemmin vuonna 1990 hänen saarnojansa alettiin lähettää Australiaan, Venäjälle, Filippiineille ja useisiin muihin maihin Far East Broadcastin Companyn, the Asia Broadcast Stationin ja the Washington Christian Radion Systemin kautta.

Kolme vuotta myöhemmin vuonna 1993 *Christian World Magazine* (US) valitsi Manmin Central Churchin yhdeksi "maailman 50:stä huippukirkosta", ja hän vastaanotti kunniatohtorin arvonimen jumaluusopissa Christian Faith Collegesta, Floridassa ja vuonna 1996 teologian tohtorin arvonimen Kingsway Theological Seminarysta Iowassa.

Vuodesta 1993 lähtien Dr. Lee on johtanut maailmanlaajuista missiota useiden kansainvälisten ristiretkien kautta jotka ovat suuntautuneet Tansaniaan, Argentiinaan, Los Angelesiin, Baltimoreen, Hawaijille, sekä New Yorkiin Yhhdysvalloissa, sekä Ugandaan, Japaniin, Pakistaniin, Keniaan, Filippiineille, Hondurasiin, Intiaan, Venäjälle, Saksaan, Peruun, Kongon Demokraattiseen Tasavaltaan, Israeliin sekä Viroon.

Vuonna 2002 Korean kristilliset sanomalehdet kutsuivat häntä "kansainväliseksi pastoriksi" hänen lukuisten ulkomaisten ristiretkien aikana tekemänsä työn johdosta. Varsinkin hänen Madison Square Gardenissa järjestetty "2006 New Yorkin Ristiretki" lähetettiin yli 220 maahan. Jerusalemin kansanvälisessä kokouskeskuksessa järjestetyn vuoden 2009 "Israel Yhtykää Ristiretken" aikana hän saarnasi rohkeasti siitä kuinka Jeesus Kristus on Messia ja Pelastaha. Hänen saarnojaan on lähetetty yli 176 maahan satelliittien välityksellä sekä GCN TV:n kautta. Vuosina 2009 ja 2010 suosittu venäläinen kristillinen lehti *In Victory* ja uusi *Christian Telegraphy* valitsi hänet yhdeksi maailman 10 vaikutusvaltaisimmaksi kristillisestä johtajaksi hänen voimallisten Tv-lähetysten ja ulkomaille suuntautuneen työn tähden.

Helmikuu 2017 Manmin Central Church on seurakunta joka muodostuu yli 120 000 jäsenestä sekä 11000 koti-ja ulkomaisesta jäsenkirkosta kautta maailman, mukaanlukien 56 kotimaista haarakirkkoa. Se on lähettänyt yli 102 lähetyssaarnaajaa 23:n maahan, mukaan lukien Yhdysvaltoihin, Venäjälle, Saksaan, Kanadaan, Japaniin, Kiinaan Ranskaan, Intiaan, Keniaan sekä useaan muuhun maahan.

Tähän päivään mennessä Dr. Lee on kirjoittanut 106 kirjaa, mukaan lukien bestsellerit *Ikuisen Elämän Maistaminen Ennen Kuolemaa, Elämäni ja Uskoni, Ristin Sanoma, Uskon Mitta, Henki Sielu ja Ruumis, Taivas I & II, Helvetti* sekä *Jumalan Voima*. Hänen teoksiaan on käännetty yli 76 kielelle.

Hän on kirjoittanut kristillisiä kolumneja useisiin sanomalehtiin, mukaanlukien The Hankook Ilbo, The JoongAng Daily, The Dong-A Ilbo, The Chosun Ilbo, The Hankyoreh Shinmun, The Seoul Shinmun, The Kyunghyang Shinmun, The Hankyoreh Shinmun, The Korea Economic Daily, The Korea Herald, The Shisa New ja The Christian Press.

Dr. Lee on tällä hetkellä usean lähetysorganisaation ja -seuran johdossa, mukaan lukien The United Holiness Church of Jesus Christ (presidentti), The World Christianity Revival Mission Association (pysyvä puheenjohtaja), Global Christian Network (GCN) (perustaja ja johtokunnan jäsen), The Worlds Christian Doctors Network (WCDN) (Perustaja ja puheenjohtaja), sekä Manmin International Seminary (MIS) (perustaja sekä johtokunnan jäsen.)

Muita saman tekijän voimakkaita kirjoja

Taivas I & II

Yksityiskohtainen kuvaus siitä ihmeellisestä elinympäristöstä josta taivaalliset kansalaiset saavat nauttia sekä taivaallisen kuningaskunnan eri tasoista.

Ristin Sanoma

Voimallinen herätysviesti kaikille niille jotka ovat hengellisesti nukuksissa. Tästä kirjasta sinä löydät Jumalan todellisen rakkauden ja syyn siihen että Jeesus on Pelastaja.

Helvetti

Vilpitön viesti koko ihmiskunnalle Jumalalta, joka ei tahdo yhdenkään sielun joutuvan helvetin syvyyksiin! Sinä löydät koskaan aikaisemmin paljastamattoman kuvauksen Helvetin julmasta todellisuudesta.

Henki, Sielu ja Keho I & II

Kirja selittää Jumalan alkuperän ja muodon, henkien tilat, ulottuvuudet sekä pimeyden ja kirkkauden, jakaen meille salaisuuksia joiden avulla me voimme tulla hengen täyteyden ihmisiksi jotka voivat ylittää ihmisten rajoituksia.

Uskon Mitta

Minkälainen asuinsija sinulle on valmistettu taivaaseen ja minkälaiset palkkiot odottavat sinua siellä? Tämä kirja antaa sinulle viisautta ja ohjeistusta jotta sinä voisit mitata uskosi määrän ja kasvattaa uskostasi syvemmän ja kypsemmän.

Herää, Israel

Miksi Jumala on pitänyt katseensa Israelissa aina aikojen alusta tähän päivään saakka? Minkälainen suunnitelma on laadittu Messiasta odottavan Israelin viimeisiä päiviä varten?

Elämäni ja Uskoni I & II

Uskomaton hengellisyyden aromi elämästä joka puhkesi vertaistaan vailla olevaan rakkauteen Jumalaa kohtaan tummien aaltojen, kylmien ikeiden ja syvän epätoivon keskellä.

Jumalan Voima

Välttämätön teos joka opastaa kuinka omata aitoa uskoa ja kuinka kokea Jumalan ihmeellinen voima.

www.urimbooks.com

www.ingramcontent.com/pod-product-compliance
Lightning Source LLC
LaVergne TN
LVHW041851070526
838199LV00045BB/1539